शिलाएँ बोलती हैं

गजल करले फतह दिल, रश्क तलवारों को हो जाए
महामारी कोई, नफरत की दीवारों को हो जाए

शिलाएँ भी कलेजा खोलती हैं
जबाँ सिल दो तो आँखें बोलती हैं

शुभ चिंतन

कविताओं का यह संकलन मेरी माँ श्रीमती शशि बाला अग्रवाल और पिता स्वर्गीय श्री ज्ञानेंद्र अग्रवाल को समर्पित है

अनुक्रमणिका

भूमिका

चाबी का गुच्छा है ग़ज़लें
मन के ताले खोल बशर

मदिरालय को दी ज़मीन पर
नए शिवाले खोल बशर

ऐसा माना जाता है कि इस पृथ्वी पर जीवन की समस्त प्रजातियों में मानव सर्वश्रेष्ठ है। इसके दो कारण बताए जाते हैं। प्रथम, कल्पना की असीम शक्ति और दूसरी आवाज़। आवाज़ यानी भाषा या ज़बान। आवाज़ सम्पर्क का, अभिव्यक्ति का, ज़रिया है। और अगर वो आवाज़ एक ग़ज़ल बन जाए तो क्या बात है। ग़ज़ल कल्पना को सुर्ख़ाब के पर लगा देती है। लेकिन आवाज़ को अक्सर खामोशियों के ग्रहण लग जाते हैं। ख़ामोश लब एक बंद गुफा की तरह है जिसे खोलना ज़रूरी है। हम मानव हैं, ख़ामोश क्यों रहें। चाहे वो अवसाद के कारण हो या भय के कारण हो। पिंजरें में इंसान को क़ैद किया जा सकता है, पर आवाज़ को नहीं। ग़ज़ल एक चाबी है जो इन बंद पिंजरों को खोल सकती है। ये इंसान को क़ैद से मुक्त कर सकती है।

पिटारे खोलते हैं बुत, बुतों से बोलते हैं बुत
नहीं मिलते सामिईन, मुद्दतों से बोलते हैं बुत

फिरे हम कूचा-ब-कूचा तभी इस राज़ को जाना
तहख़ानों, दीवार-ओ-दरों से बोलते हैं बुत

सामिईन = सुनने वाला

हर सदी की तरह, इस सदी में भी ग़ज़ल को बेआवाज़ मज़लूमों की जबाँ बनना होगा। यही ग़ज़ल का असली फ़र्ज़ है। इश्क़ को, महबूब को और ख़ुदा को ग़ज़ल ने बेइंतहा तवज्जो दी है; देनी भी चाहिए। लेकिन ग़ज़ल को अभी और बाग़ी होना पड़ेगा। ख़ामोश रह कर ज़ुल्म सहते हुए करोड़ों लोगों को आवाज़ की ताक़त और करिश्मा देना पड़ेगा। शायर को क़ौम और समाज की रहनुमाई करनी होगी। ये सिर्फ़ सियासतदान और मजहबदाँ का काम नहीं है। शायरी हर तहरीक को एक नया चेहरा दे सकती है।

सुन कलम, ऐसी ग़ज़ल आज बने
जो एक मज़लूम की आवाज़ बने

मैंने मिसरों से कह दिया खुल कर
'शे'र' होना है तो जाँबाज़ बने

कविता या ग़ज़ल कोई अलंकार का वसीला नहीं है; ये एक बदलाव का हथियार है। ये किसी गुम्बद पे चढ़ा हुआ सोने का छत्र नहीं है; बल्कि बुनियाद का मज़बूत पत्थर है। एक मज़बूत बुनियाद में क़ूवत होती है किसी खंडहर बनी इमारत को फिर से खड़ा कर देने की। उसमें सायों को शक्ल देनी की ताक़त होती है।

लफ़्ज़ खंडहर में जो बिखरे पड़े थे
खड़ा उनसे फिर एक महल कर दिया है

सुखनवर तूने कितनी परछाइयों को
सँवारा है और बा-शकल कर दिया है

जब ज़ुल्म और अत्याचार का जनाज़ा निकले तो मैयत को उठाने वालों में एक कँधा शायर का भी हो।

तारीख़ बताओ तुम, हल कितने मसाइल के
नज़रों में तेरी, जंग के मैदान से निकले

ज़ुल्मों की ख़िलाफ़त में आवाज़ सुखनवर की
ऐसी जैसे तलवार कोई म्यान से निकले

....

सुखन का फ़र्ज़ है ज़िंदा सदा को बेदफ़न करना
कब्रगाहों. की अनगिन सरहदों से बोलते हैं बुत

सुखन = काव्य

लबों के बंद दरवाज़ों से बे-आवाज़ ना समझो
असीर-ए-जिस्म दिल की धड़कनों से बोलते हैं बुत

असीर = क़ैदी

शुभ चिंतन
February, 2022

बुझे चिराग़ तो उठते धुओं से टूट गए
कितने फ़ौलाद यहाँ आंसुओं से टूट गए

ये निगाहें रहीं शाहिद ऐसे रिश्तों की जहाँ
जिस्म से जिस्म जुड़े, दिल दिलों से टूट गए

1. हिंद पंछी, पंख-ए-सुरखाब नज़र आता है

सूर्य महबूब है तेरा, ज़मीन-ए-हिन्दोस्ताँ
रोज़ तेरे लिए बेताब नज़र आता है

हिंद के तट को गया छू के सफ़ीना वापस
चश्म-ए-सागर में अब आदाब नज़र आता है

शांत रह कर निहारती है उसे गंगा नदी
तट पे भक्तों का जो सैलाब नज़र आता है

अर्णिमा लाती है हर दिन एक नया संदेशा
हर सवेरा बड़ा नायाब नज़र आता है

देखें आकाश को भविष्य की निगाहों से
हिंद पंछी, पंख-ए-सुरखाब नज़र आता है

सफ़ीना = कश्ती
चश्म-ए-सागर = समुन्दर की आँखें
नायाब = अनूठा
अर्णिमा = सूर्य की पहली किरण

2. दुनिया तेरे निज़ाम का चेहरा है जनाज़ा

दरबार में हुजूम था, तनहा है जनाज़ा
दुनिया तेरे निज़ाम का चेहरा है जनाज़ा

कुछ पल के लिए दोस्तों बारात रोक लो
इस राह से अभी अभी गुजरा है जनाज़ा

रब की लिखी ग़ज़ल है, हर एक ज़िन्दगी
रब की ग़ज़ल का आख़िरी मिसरा है जनाज़ा

डोली तिरी उठी थी जहाँ से ओ हबीबी
उस ठौर पे कुछ पल मिरा ठहरा है जनाज़ा

किसने तमाम रास्ते इसको है संभाला
टकरा के कब्रगाह से बिखरा है जनाज़ा

3. इश्क़ पे ताज से बढ़कर कोई फ़राज़ नहीं

तेज बहती है नदी पर कोई आवाज़ नहीं
कैसे कह दें कि किनारों से वो नाराज़ नहीं

कोई मुस्व्वर जो इक तस्वीर बना दे फिर से
वक़्त इस बार तुम लाना कोई रंगसाज नहीं

मकबरे तूने मोहब्बत को ज़िन्दगी दी है
इश्क़ पे ताज से बढ़कर कोई फ़राज़ नहीं

बादशाह है, मेरी तक़दीर लिखी है तूने
सल्तनत देगी, ख़ुदाई का, पर, अन्दाज़ नहीं

वक़्त तुझसे बड़ा कायर नहीं देखा मैंने
ये भी सच है की तुझसा कोई जाँबाज़ नहीं

ज़िन्दगी है ये, मुझे पूरी ग़ज़ल लिखने दो
एक दो शे'र में बन पाएगा कोलाज नहीं

मुसव्विर = चित्रकार
फ़राज़ = ऊँचाई

4. एक दिन पी गई शराब हमें

जल की बोतल में दी शराब हमें
मय मिली पहन के नक़ाब हमें

हमने खुद को गँवा दिया जिस दिन
हो गए आप दस्तयाब हमें

ज़िन्दगी भर उसे रहे पीते
एक दिन पी गई शराब हमें

जिस दिन निकला है जनाज़ा अपना
सिर्फ़ उस दिन मिले आदाब हमें

नैन में झील नेह की, पर दिखे
लब पे इज़हार के हबाब हमें

महफ़िलों में पुकारते हैं बहुत
अचकनों में टंगे गुलाब हमें

मौत कहती है हर खिलाड़ी से
चलना है आख़िरी अभी दांव हमें

या तो आँखों में मिले आब हमें
या मिले उन में रक्तस्राव हमें

दस्तयाब = हासिल होना
हबाब = बुलबुला

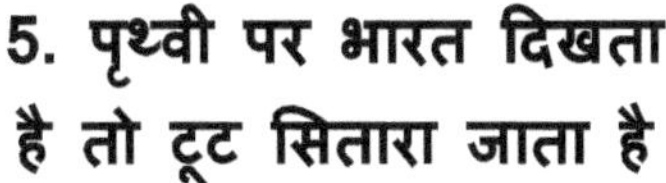

5. पृथ्वी पर भारत दिखता है तो टूट सितारा जाता है

पृथ्वी पर भारत दिखता है
तो टूट सितारा जाता है
पहुँचे ना जहाँ सूरज की किरन
हिंद का उजियारा जाता है

जो हैं ईश्वर की तलाशी में
वो आएँ एक दिन काशी में
जब रात ये घिर कर आती है
सूरज निकले गंगाजी में

यहाँ विश्वनाथ के मंदिर का
नभ तक जयकारा जाता है
काशी है दर्पण, रख जिसको
एक जन्म संवारा जाता है

पृथ्वी पर भारत दिखता है
तो टूट सितारा जाता है

माज़ी की बड़ी विरासत है
पास आज युवा की ताक़त है
झाँकू भविष्य के चेहरे में
उसमें भारत ही भारत है

संदेश देवताओं का ले
जग में हरकारा जाता है
कतरा आता है भारत में
बन कर जलधारा जाता है

पृथ्वी पर भारत दिखता है
तो टूट सितारा जाता है

माज़ी = अतीत

6. जिन्न हैरान परेशाँ है रिटायर होकर

मान बैठा मैं शनासाई का इज़हार जिसे
वो तबस्सुम तो बस उसके लबों की ज़ीनत थी

मैंने जिस पर कभी ना नाज़ किया रत्ती भर
शक्ल मेरी हर एक आईने की ज़रूरत थी

डाल पे फल थे, फूल थे और हरियाली थी
टूटे पत्तों में मगर ढेर सी नसीहत थी

मौत तुझको सदा कंगाल जिस्म मिलता है
ज़िन्दगी पे हमेशा रूह की वसीयत थी

इक फ़रिश्ते का जब मुआयना किया तो मिला
उस फ़रिश्ते में थोड़ी और आदमियत थी

जिन्न हैरान परेशाँ है रिटायर होकर
जो भी थी बोतलों की क़ीमत थी

शनासाई = परिचय

7. जो सृजन करता है मातृत्व समझ जाता है

पंख फैलाने का भी फ़ासला ना था जिसमें
उसी पिंज़रे ने तसव्वुर को दी उड़ान नई

खर्च कर देंगे तनिक और शाम तक खुद को
लेके आएँगे थैले में हम थकान नई

घिस गई थी ये मिरी शक्ल-ए-नौकरशाही
शायरी ने मुझे तब सौंप दी पहचान नई

जो सृजन करता है, मातृत्व समझ जाता है
हर कृति होती है उसकी जैसे संतान नई

जो इमारत अपनी बुनियाद के छूती है चरण
उस इमारत की बुलंदी को मिले शान नई

तसव्वुर = कल्पना

8. माहिया दे नहीं जाना कोई बरसात नई

लगनी चाहिए मुलाक़ात, मुलाक़ात नई
लब पे जुंबिश हो तो निकले कोई तो बात नई

बड़ी मुश्किल से सुखाया है चश्म का आँगन
माहिया दे नहीं जाना कोई बरसात नई

जिस्म को दफ़्न भी कर पाए नहीं हैं ढंग से
रूह ने कर दी है लेकिन देखो शुरुआत नई

कब्रगाह हैराँ है, पहली की रस्म जारी है
और खड़ी हो गई दरवाज़े पे बारात नई

तख़्त बदले तो नया फ़र्ज़ वो तकसीम करे
ना कि बख़्शे वो नर्शी को फ़क़त औक़ात नई

नए भविष्य का वादा था सियासत तेरा
बाँटती जाती हो मजहब नए ओ जात नई

जुंबिश = हलचल

9. हर आग कलेजे की जाने ना धुआँ करना

हर आग कलेजे की जाने ना धुआँ करना
खामोशियों को अपनी, ख़त लिख के बयाँ करना

जब भी मैं दवा देके आया किसी बिस्मिल को
भूला नहीं दवा के फलने की दुआ करना

तस्वीर में इक माँ के चेहरे पे पसीना था
और छोटे से बच्चे का पंखे से हवा करना

अन्दाज़ तुम्हारा ये बदला नहीं बचपन से
नज़रों से इजाज़त दे, अधरों से मना करना

मरहम से शनासाई अपनी नहीं हो पाई
अपना शग़ल रहा है ज़ख़्मों को सगा करना

बस एक ही जनम में ना प्यार लुटा देना
क़र्ज़ा है इश्क़ का ये, किस्तों में अदा करना

10. कोई पन्ने पलटने को राज़ी नहीं

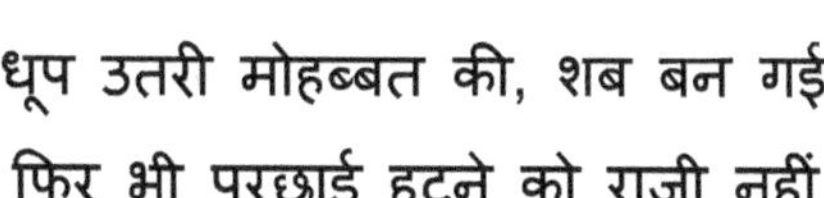

धूप उतरी मोहब्बत की, शब बन गई
फिर भी परछाई हटने को राज़ी नहीं

मैंने अपनी ज़मीं आपको सौंप दी
लेकिन सरहद सिमटने को राज़ी नहीं

सूद के क़द असल से बड़े हो गए
लेकिन क़र्ज़े हैं घटने को राज़ी नहीं

राजनीति नए सूर्य लाती रही
पौ मगर है कि फटने को राज़ी नहीं

सिर्फ़ उनवान तक ही सिमट जाते हैं
कोई पन्ने पलटने को राज़ी नहीं

उनवान = शीर्षक

11. अब तन्हाई आईना होने लगी है

रूबरू सूरत अयाँ होने लगी है
अब तन्हाई आईना होने लगी है

साफ़गोई से कहा महबूब को ये
दिल्लगी तेरे बिना होने लगी है

उन को थामा है सजन ने प्रेम से जो
हाथ की रंगत हिना होने लगी है

हो रहे हैं कम अक़ीदे दिन-ब-दिन
पर ज़ियारत कई गुना होने लगी है

इश्क़ तुझमें कौन सी बूटी छुपी है
फिर विरक्ति कामना होने लगी है

उर्वशी, साधु से हो गई है मुख़ातिब
साधना अब यातना होने लगी है

हो गए ख़त्म बरस के बादल चुनावी

घोषणा हर, झुनझुना होने लगी है

अयाँ = नुमायाँ

अक़ीदा = आस्था

ज़ियारत = तीर्थ यात्रा

12. मेरे भीतर संसार रहता है

बात करते हैं वो मुस्तकबिल की
जिन पे माज़ी सवार रहता है

मुझको पिंजरे में क़ैद कर सय्याद
खुद कहाँ तू फ़रार रहता है

मुझसे कहता है, जुर्म करता है
इसलिए गिरफ़्तार रहता है

मैं एक नगमा हूँ और मंदिर में
मेरा नगमा-निगार रहता है

नाम काएनात का अगर है ग़ज़ल
मुझ में खुद ग़ज़लकार रहता है

मैं इक संसार में नहीं रहता
मेरे भीतर संसार रहता है

माज़ी = अतीत
मुस्तकबिल = भविष्य

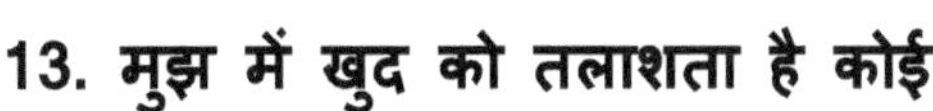

सद में छुप छुप के झांकता है कोई
मुझ में खुद को तलाशता है कोई

दोष ना दे तू टेढ़े आँगन को
तेरी उँगली पे नाचता है कोई

अपनी रफ़्तार को मैं ढोता हूँ
मेरी साँसों में हाँफता है कोई

जिनने ओढ़ी हुई है खामोशी
उन लबों पे भी दास्ताँ है कोई

मौत के जाल को बिछा के यहाँ
बूढ़ी मछली को फाँसता है कोई

एक दीवार ने लिखा खुद पर
मेरे भीतर भी रास्ता है कोई

ढोलबाजों को शिकायत है बड़ी
रात को पीर खाँसता है कोई

सद = ओट
पीर = वृद्ध

14. आप मे'यार पे यक़ीन रखें

मुझको अपने पे यक़ीं है पूरा
आप मे'यार पे यक़ीन रखें

मेरे सर की ना यूँ दरयाफ़्त करें
अपनी तलवार पे यक़ीन रखें

इसमें फ़ौलाद पिघल कर बिक गए
आप बाज़ार पे यक़ीन रखें

फूल काग़ज़ पे हर क़िस्म के खिले
शायरी की बहार पे यक़ीन रखें

वक़्त की या फिर अपने कदमों की
किसकी रफ़्तार पे यक़ीन रखें

वो कोई साहिर नहीं, मदारी है
ना चमत्कार पे यक़ीन रखें

रोज़ जो नए ख़ुदा बनाता है
क्यों उस संसार पे यक़ीन रखें

मे'यार = कसौटी
साहिर = जादूगर

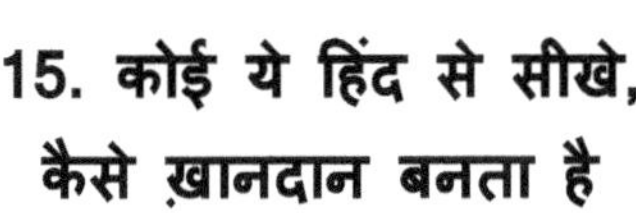

15. कोई ये हिंद से सीखे,
कैसे ख़ानदान बनता है

फिसल जाता है रब के हाथ से सूरज का एक टुकड़ा
वो ही पैबस्त धरती मे हो, हिंदुस्तान बनता है

अगर पत्थर भी आएँगे तो धड़कन ले के जाएँगे
यहाँ तामीर-ए-दिल का सभी सामान बनता है

ज़मीन-ए-हिंद पर अपने कदम रखने की चाहत में
फ़रिश्ता आसमानों से उतर, इन्सान बनता है

परिंदों के समूह उड़ कर यहाँ आए जहाँ भर से
ये वो धरती है जिस पे नया आसमान बनता है

सिमट बैठी है ये दुनिया, मगर हैं मुन्तशिर कुनबे
कोई ये हिंद से सीखे, कैसे ख़ानदान बनता है

मुन्तशिर = बिखरा हुआ
तामीर = निर्माण

पुरवाई उसको छूती है
तो पश्चिम खूब उभरता है

जब काजल हिन्दोस्ताँ का हो
दुनिया का रूप उभरता है

16. नींद इक साथ खोलो बाब कई

मुंतज़िर सफ़ में खड़े ख़्वाब कई
नींद इक साथ खोलो बाब कई

एक भँवरा फ़क़त नहीं आया
देखो मुरझा गए गुलाब कई

जिसकी क़ीमत लगा रहे हो तुम
जेब में उसकी हैं नवाब कई

साफ़ पानी जब पिलाया उनको
होश में आ गईं शराब कई

ख़ाली पन्ने छुपाए सीने में
सज रहीं शेल्फ़ पर किताब कई

हम तो घूँघट उठाने आए थे
हम से डरने लगे नक़ाब कई

नाम हाकिम से कर दिया ख़ादिम

काफ़ी नज़दीक हैं चुनाव कई

मुंतज़िर = इंतज़ार में
बाब = दरवाज़ा
सफ़ = पंक्ति

17. रूह में पड़ गईं दरार कई

खोल दी मैंने एक मज़ार नई
मुझ पे हो गए ख़ुदा सवार कई

एक दरगाह के फ़ज़ल से यहाँ
चल पड़े हैं बड़े बाज़ार कई

मैं हूँ सोना, मेरी सिफ़त तनहा
आपके पास हैं मे'यार कई

आदमी कर गए मकाँ ख़ाली
फिर भी रहती रहीं दीवार कई

जिस्म रहता है उस्तुवार मगर
रूह में पड़ गईं दरार कई

आज साँसों के झड़ रहे पत्ते
इनसे निकली थीं कल बहार कई

जब से सीखी मसीहाई मैंने
हूर जन्नत में हैं फिगार कई

कोई टीका ना मोहब्बत का बना
मर्ज़ है एक पर बुखार कई

ज़िन्दगी क़ैद से तेरी, मुजरिम
ख़ुदकुशी कर हुए फ़रार कई

फिगार = ज़ख़्मी
मे'यार = कसौटी
उस्तुवार = मज़बूत, सिफ़त= गुण

18. ये सरकारी अमला कफ़न ढूँढता है

सितारों की बस्ती में महताब तनहा
पीने को जल और पवन ढूँढता है

फलक पे भटकता, जमीं का इक टुकड़ा
अपना कोई हमवतन ढूँढता है

नवाबों में अचकननशीं फूल कोई
तड़प कर दयार-ए-चमन ढूँढता है

सहर-ए-सर्द में इक शबनम का कतरा
पलकों पे मेरी तपन ढूँढता है

तेरे सूखे ज़ख्मों में, शातिर ज़माना
खुर्दबीन लेकर जलन ढूँढता है

तेरी गर्दिशों में, खरच कर दो आंसू
ये हर दिन नया इक जशन ढूँढता है

कहे रूह, आराम फ़रमा लूँ थोड़ा
ख़ुदा जब तलक इक बदन ढूँढता है

फटेहाल, फुटपाथ पे मर गया तो
ये सरकारी अमला कफ़न ढूँढता है

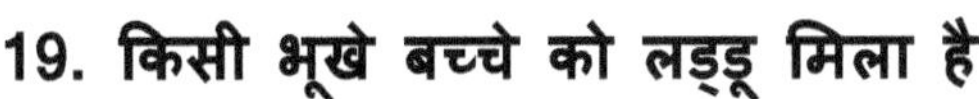

19. किसी भूखे बच्चे को लड्डू मिला है

बहुत देर तक मैं तो तनहा चला हूँ
अब ये अचानक मुझे तू मिला है

कहानी ने जिसको तलाशा है बरसों
उसे तेरी सूरत में मौजू मिला है

मुझे मेरी पलकों पे, सूखा हुआ सा
मेरे यार का एक आँसू मिला है

जो मौसम जुदाई का बदला वस्ल में
पुरानी रगों को नया खूँ मिला है

दिखा एक तपती जमीं को जो बादल
लगा भूखे बच्चे को लड्डू मिला है

मुझे देख खुश, ज़िन्दगी ऐसे चहकी
कि लैला को फिर अपना मजनू मिला है

फ़ाज़िल का ख़ुद पे गुमाँ टूटता है
जो कहती है बेगम कि बुद्दू मिला है

सुबह नींद टूटी और खिड़की से झांका
तो फिर देखने को इक जादू मिला है

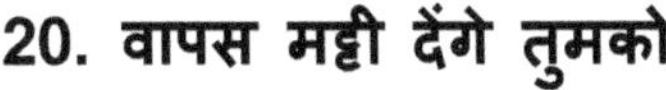

20. वापस मट्टी देंगे तुमको

इंतजार में बैठी हो जिंद
आज शाम जी देंगे तुम को

तुमसे गिरने लगे सितारे
आसमान, सी देंगे तुमको

जाने किस बेख्याली में हम
कह बैठे बंजर ज़मीन से

रोना बंद नहीं होगा तो
सौं सावन की देंगे तुमको

कुछ बादल भारी हो गए हैं
पूरे व्यापारी हो गए हैं

कहते हैं हमसे ख़रीद लो
बारिश सस्ती देंगे तुमको

शजर गिर पड़े हैं कदमों में
कहते हैं की जान बख्श दो

बदले में सांसें ले लेना
सेहत अच्छी देंगे तुमको

सौंप दिया दुनियवालों को
तुमने मेरे जैसा हीरा

प्रभु तुम पछताओगे जब ये
वापस मट्टी देंगे तुमको

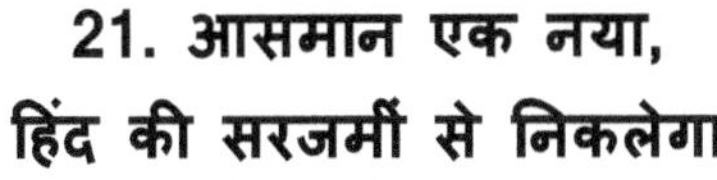

21. आसमान एक नया,
हिंद की सरजमीं से निकलेगा

बीज बोए हैं रोशनी के यहाँ
कल का सूरज यहीं से निकलेगा

पंछियों, आसमान एक नया
हिन्द की सरजमीं से निकलेगा

द्वेष और द्वन्द बाँटने वालों
प्रेम माँ भारती से निकलेगा

शोर करती हैं अलग आवाज़ें
सुर तो बस सहमति से निकलेगा

आधुनिक ज्ञान का हर एक अंकुर
पूर्वसिंचित मही से निकलेगा

हिन्द विज्ञान की गंगा लेकर
आध्यात्म की गिरि से निकलेगा

दंभआसक्त हैं धनुर्धारी
रथ मगर सारथी से निकलेगा

आज मिलती है नदी सागर में
कल समुन्दर नदी से निकलेगा

22. जैसे सूरज मुझे तलाश रहा है शब भर

सहर जैसा मुझे एहसास रहा है शब भर
तू चिराग़ों सा मेरे पास रहा है शब भर

ज़िन्दगी, फ़ज्र की दस्तक पे जो टूटा है वो
तुझमें क़ायम मेरा विश्वास रहा है शब भर

शम्स तो मेरी निगाहों को जला देता है
चाँद तू तो मेरी मीरास रहा है शब भर

नींद में मुझको कराने के लिए सैर-ए-इरम
ख़्वाब करता हुआ प्रयास रहा है शब भर

दिन हुआ तो उखाड़े गए जमीं से भी
और आग़ोश में आकाश रहा है शब भर

बेख़्याली में, चमकते हुए जुगनू यूँ लगे
जैसे सूरज मुझे तलाश रहा है शब भर

एक मूरत जिसे मिस्मार किया है दिन ने
एक सपना उसे तराश रहा है शब भर

मीरास = विरासत
इरम = स्वर्ग का बगीचा
मिस्मार = ध्वस्त
शम्स = सूरज

23. दावतें तो असल, गिद्धों ने यहाँ खाईं हैं

अजनबी लगते हैं मुझको सभी जुलूस-ए-जश्न
मेरी तो सारे जनाजों से शनासाई है

जिस इमारत का नाम तुमने ख़ुदकुशी है रखा
उसकी बुनियाद में दुनिया तेरी रुसवाई है

गोश्त इंसाँ परोसता रहा है सदियों से
दावतें तो असल, गिद्धों ने यहाँ खाईं हैं

दर्ज निगहबाँ-ए-क़ब्रगाह ने खाते में किया
एक घंटे में ये चौथी बारात आई है

एक पिंजरे से निकल कर जो सदा आई है
तन्हा बुलबुल की सलाख़ों से लबकुशाई है

मान बैठी है ये दुनिया जिसे ग्रहण कोई

वो तो मीरा पे कन्हैया तेरी परछाई है

लबकुशाई = बातचीत
शनासाई = जान पहचान

24. दिल टटोलें तो बस सूखे दरख़्त मिलते हैं

यहाँ तो प्यार के मौसम विरक्त मिलते हैं
दिल टटोलें तो बस सूखे दरख़्त मिलते हैं

आज इनसान की बस्ती में क़ीमती पानी,
मुफ़्त में जितने भी चाहोगे रक्त मिलते हैं

सेक लेती है मौत रोटियाँ क्या नरम नरम
ज़िन्दगी तेरे निवाले क्यों सख़्त मिलते हैं

तूने, जम्हूरियत, तकसीम नहीं की ताक़त
तेरे आलम में बस नेता सशक्त मिलते हैं

पालकी छोड़ जब कुर्सी पे विराजे भगवन
बड़ी तादाद में तब उनको भक्त मिलते हैं

शेर भूखे हैं, नहीं क्यों दहाड़ते फिर भी
भेड़ियों को यहाँ टुकड़े बा-वक़्त मिलते हैं

25. ख़ुदा मुसव्विर तू उम्दा है,
पर दुनिया शाहकार नहीं है

सदियाँ बीतीं, शब ना गुजरी
कब ये दौर रवाना होगा

सूरज तुमको एक दिन इस दिश
राह बदलकर आना होगा

ख़ुदा मुसव्विर तू उम्दा है
पर दुनिया शाहकार नहीं है

तुम को अपनी फ़नकारी को
थोड़ा सा चमकाना होगा

कुर्सी को बाजू सरकाकर
जब ये क़द नापे जाएँगे

फ़र्क़ नज़र आएँगे इतने
कि हैराँ पैमाना होगा

मैयत पर आओगे तब भी
तुम को फ़िक्र दुकाँ की होगी

उस दिन भी जल्दी जाने का
तेरे पास बहाना होगा

मंदिर के आराम छोड़ कर
इक दिन प्रभु कचहरी में मिल

तिरी हाज़िरी में, कम से कम
सच इतना हकला ना होगा

शाहकार = सर्वश्रेष्ठ रचना
मुसव्विर = चित्रकार

26. मेरे हाथों मेरे मलाल दफ़न होते हैं

वक़्त एक दिन उसी मिट्टी का नमूना तो दिखा
जिसमें गुजरे हुए ये साल दफ़न होते हैं

जिसकी बुनियाद में ईमान के पत्थर हों लगे
उस इमारत में तो भूचाल दफ़न होते हैं

सरकशी का जुनून मछलियों पे हावी है
पूछती हैं कहाँ घड़ियाल दफ़न होते हैं

दीवान-ए-ख़ास की नक्काशियों पे मत जाना
वहाँ दीवारों में कंकाल दफ़न होते हैं

ज़िन्दगी तुझसे शिकायत मुझे ज़रा भी नहीं
मेरे हाथों मेरे मलाल दफ़न होते हैं

हमनशीं अब तू जवाबों की क़वायद ना कर
मेरे जितने भी थे सवाल, दफ़न होते हैं

सरकशी = विद्रोह

27. घुटनों पे मौलाना होगा

सोचा ना था तुझे ज़िन्दगी
यूँ हर रोज़ कमाना होगा

उम्र भरी होगी बटुए में
फिर भी हाथ फैलाना होगा

मज़दूरी पानी ढोने की,
प्यास बुझाने में दुश्वारी

मयखाने में शिरकत होगी
पर ख़ाली पैमाना होगा

करके पूरा जन्म गए और
सोचा मोक्ष इनाम मिलेगा

मालिक ने भेजा है वापस
कह कर कि जुर्माना होगा

इश्क़ ना रखना नाम मोहतरमा
सूफ़ी घबराकर भागेगा

नाम इबादत रख लोगी तो
घुटनों पे मौलाना होगा

मुर्दा हो कर खुश है बन्दा
सब से अब याराना होगा

अपनी भी बरसी होगी अब
और जलसा सालाना होगा

28. जब इक बंदूक़ पे
बिंदिया के निशाँ मिलते हैं

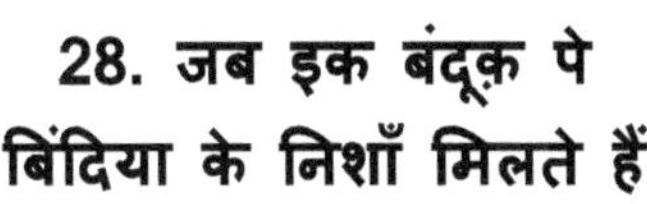
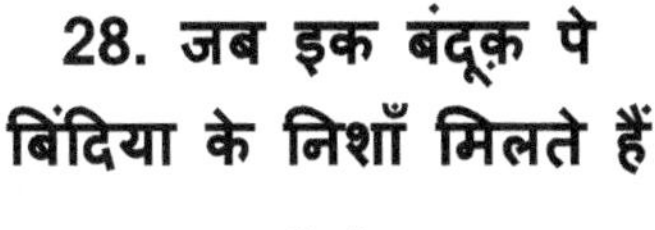

किसी सहरा को टटोला तो मुसाफ़िर को वहाँ
एक सूखे हुए दरिया के निशाँ मिलते हैं

ना सुनाई दी है आवाज़ किसी करवट की
कब्र में चैन की निंदिया के निशाँ मिलते हैं

एक बुढ़िया जिसे पाया हमेशा हँसते हुए
मर गई तब हमें दुखिया के निशाँ मिलते हैं

सिर्फ़ बेटे ही तवारीख़ के निगार नहीं
हर सफ़े पे यहाँ बिटिया के निशाँ मिलते हैं

रानी झाँसी के, पदमिनी के, चाँद बीबी के
कहीं पन्ना कहीं रजिया के निशाँ मिलते हैं

ज़ंग जीती है खवातीन ने, ये इल्म हुआ

जब इक बंदूक़ पे बिंदिया के निशाँ मिलते हैं

तवारीख = इतिहस
निगार = लिखने वाला
खवातीन = महिला

29. इक ज़िन्दगी है, मौत के प्रबन्ध बेशुमार

रेशम के पैरहन को पहने ख़्वाब में दिखे
जागे तो मिले टाट के पैबंद बेशुमार

है हार के एहसास से लबरेज़ अशोका
सम्राट ने जीती हुईं हैं जंग बेशुमार

हमसे कोई कबीर सा दोहा नहीं बना
निकले हैं मेरी लेखनी से छंद बेशुमार

बेचा है क़ब्रगाह ने खुद को ये कर एलान
मुर्दों को मिलेगा यहाँ आनंद बेशुमार

ज़ेहन में सुखनवर के सियासत ना धरम है
गीतों में नज़र आए तभी रंग बेशुमार

मंज़िल तुझे पाकर भी सुकूनात ना मिले
हासिल है हदफ एक, मगर द्वन्द बेशुमार

करनी हो ख़ुदकुशी तो यहाँ फ़ंद बेशुमार
इक ज़िन्दगी है, मौत के प्रबन्ध बेशुमार

पैरहन = कपड़ा
हदफ = लक्ष्य
सुख़नवर = कवि

30. तू ज़िन्दगी को सिर्फ़ मलालों में जिया है

क्यों शेर मेमनों की खालों में जिया है
तू ज़िन्दगी को सिर्फ़ मलालों में जिया है

सूरज उगा है साल में हर दिन यहाँ मगर
तू कितने रोज़ इसके उजालों में जिया है

बोझों ने बनाया तेरे कांधों को नशेमन
तू उम्र भर दयार-ए-हम्मालों में जिया है

क्या बेबसी थी जो कि एक शायर बग़ावती
दरबार के बा-तनख़्वाह कव्वालों में जिया है

टूटे हुए तारों की शुमारी में आसमान
करके निगाहें नीची पातालों में जिया है

ख़ुदगर्ज़, ख़ुदकुशी का दामन न थामना
दिन रात कोई तेरे ख़्यालों में जिया है

हफ़्ते भी नहीं निकले जो देखा निचोड़ कर
पर वक़्त के हिसाब से सालों में जिया है

ना ही राधा, ना ही अर्जुन, ना सुदामा से मिला
हमको तो मीरा से मोहन का पता चलता है

अक्स में देख दरारों को क्यों मायूस हो तुम
इनसे टूटे हुए दर्पन का पता चलता है

31. तुर्बत में हैं इतवार ही इतवार क्या करें

सूरज के उजालों का इश्तिहार क्या करें
ईमान की सजावट, श्रृंगार क्या करें

बैठे इलाज-ए-ग़म को मैकदे में मसीहा
ये कौन बताएगा की बीमार क्या करें

ज़िन्दा थे तो एक दिन ना थमी अपनी दिहाड़ी
तुर्बत में हैं इतवार ही इतवार क्या करें

लब आपके रहेंगे सदा बंद लिफ़ाफ़े
मर जाएँगे घुट कर सब समाचार, क्या करें

हमसे गुजर जो क़ाफ़िले मंज़िल को पा गए
वो दे गए हैं धूल के ग़ुबार क्या करें

मुझसे हुआ था राई भर गुनाह यहाँ पर
तुमने बना दिया उसे पहाड़, क्या करें

लौटा दिए बुलबुल ने आसमान हमारे

आ गए हैं क़फ़स उसको साज़गार क्या करें

तुर्बत = क़ब्र

साज़गार = माफ़िक़

क़फ़स = पिंजरा

32. सितमगर ही जब मसीहा हो गया है

हुआ बादशाह दफ़्न तारीख़ में और
हर एक हाफ़िजा से विदा हो गया है

तख़्त से कब्रगाह तक के सफ़र में
क़सीदा बदल फ़ातिहा हो गया है

सहेजा गया था जो इतने बरस वो
जिस्म दो ही पल में धुआँ हो गया है

गिरा कर सभी डालों के ज़र्द पत्ते
शजर देखो कैसा हरा हो गया है

मैंने तो संवारा दिल-ए-ज़ार अपना
क्यों हैराँ मगर आईना हो गया है

निगाहें, सराबों की हैं जुस्तजू में
ये तलवा मगर अधमरा हो गया है

सितारों की महफ़िल में है चाँद अपना

जमीं तेरा बच्चा बड़ा हो गया है

हाफ़िजा = याददाश्त
सराब = मरीचिका
लहद = कब्र

33. हर ज़ख़्म को तो ढोल बजाना नहीं आया

इसके ख़्याल में ये ज़माना नहीं आया
दीवानगी को होना सयाना नहीं आया

ख़ामोश है मीरा मगर वाचाल है वीणा
श्रीकृष्ण तुम्हें प्रेम लौटाना नहीं आया

करते हो शिकायत कि बहुत दूर है हदफ
जबकि लगाना तुमको निशाना नहीं आया

मरहम तू बेआवाज़ कराहों को सुना कर
हर ज़ख़्म को तो ढोल बजाना नहीं आया

लब, रस्म-ए-तबस्सुम, निभाते चले गए
नज़रों में चेहरा जाना पहचाना नहीं आया

वो करके ख़ुदकुशी कल आसमाँ का हो गया
धरती को उसका बोझ उठाना नहीं आया

जन्मों के मुसलसल सफ़र में मौत के पड़ाव
लेकिन अभी अख़ीरी ठिकाना नहीं आया

दिन भर बहा मज़दूर की मेहनत का पसीना
फिर भी फ़क़त दो जून का खाना नहीं आया

मुसलसल = लगातार
हदफ = लक्ष्य

34. तुम पीर आंसुओं में बहाना नहीं सीखे

आँखों में आप मेघ बनाना नहीं सीखे
तुम पीर आंसुओं में बहाना नहीं सीखे

इक रोज़ मुक़दमा यहाँ उन पे भी चलेगा
भँवरे जो कोई फूल खिलाना नहीं सीखे

नागिन को दोष देने चले हैं वो सँपेरे
जो खुद अभी तक बीन बजाना नहीं सीखे

सूरज हज़ार बार उगे, अस्त हो गए
उम्मीद के चिराग़ जलाना नहीं सीखे

तोतों ने प्रेमग्रंथ लफ़्ज़ लफ़्ज़ रट लिए
रूठी हुई मैना को मनाना नहीं सीखे

35. किरदार हू-ब-हू हैं, कहानी का फ़र्क़ है

हैं लफ़्ज़ हमशकल, म'आनी का फ़र्क़ है
किरदार हू-ब-हू हैं, कहानी का फ़र्क़ है

दरिया हो, बहर हो या इक गगरी भरी हुई
तादाद का है फ़र्क़ ना कि पानी का फ़र्क़ है

अपने ही वजन से लगी जब डूबने कश्ती
कहती है कि मौज़ों की रवानी का फ़र्क़ है

मंजर तो एक सा है तेरे सिम्त मेरे सिम्त
दुनिया के सामने बस बयानी का फ़र्क़ है

दावा है तिरा की लिखा था एक सा नसीब
अंजाम जुदा है तो पेशानी का फ़र्क़ है

कहते हैं ख़्वाब उन पे झुर्रियाँ नहीं पड़तीं

उन पर ना मिरी ढलती जवानी का फ़र्क़ है

म'आनी = अर्थ

बहर= समुन्दर

36. लगता है सितारों को मेरा हिंद नगीना

लगता है सितारों को मेरा हिंद नगीना
ढूँढा हैं इस ज़मीं में फलक ने भी दफ़ीना

करने लगे सलाम उसे सारे समुन्दर
जब छू के गया इसके किनारों को सफ़ीना

बोसीदा पैरहन में यहाँ मस्त कलंदर
देते रहे बिखरी हुई रूहों को करीना

अमृत जिन्हें मिला है उन्हें याद ये रहे
था लाज़िमी किसी के लिए ज़हर भी पीना

दरिया कहे, देता है चुनौती उसे यहाँ
बहता हुआ हर खेत में माथे पे पसीना

दफ़ीना = ज़मीन में गढ़ा ख़ज़ाना

37. किरदार दब रहे हैं कहानी के बोझ से

तहरीर का जब खोल पिटारा गया देखा
टूटे मिले कई लफ़्ज़ म'आनी के बोझ से

कह दे कोई निगार से, ना आंसुओं से लिख
किरदार दब रहे हैं कहानी के बोझ से

है बोझ से तो वास्ता हर शय का यहाँ पर
चाहत से भ्रमर, गुल का जवानी के बोझ से

हैं तीर मेरे पास ज़हर से बुझे हुए
काँधे दबे हुए हैं कमानी के बोझ से

लगता है की अच्छे नसीब खूब लिख दिए
हैरान हो रहा हूँ पेशानी के बोझ से

देखे गरीब बस्ती में जब प्यास के मंजर
दरिया शर्म से गढ़ गया पानी के बोझ से

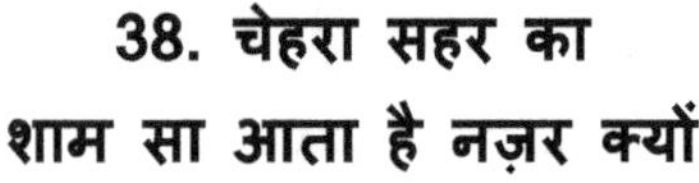

38. चेहरा सहर का
शाम सा आता है नज़र क्यों

गुबार बेलगाम सा आता है नज़र क्यों
चेहरा सहर का शाम सा आता है नज़र क्यों

पड़ती है रास्ते में कब्रगाह कोई तो
उसमें हमें मुक़ाम सा आता है नज़र क्यों

मैयत पे अपनी, अर्श से डाली निगाह तो
दावत के इँतजाम सा आता है नज़र क्यों

मस्जिद में आ गया है तू दरबार से उठकर
सजदा तेरा, सलाम सा आता है नज़र क्यों

रहता है बहुत दूर बहुत दूर तू मगर
मुझ में किए क़याम सा आता है नज़र क्यों

कुर्सी की डोर क्यों ये दलालों से बंधी है
हाकिम यहाँ ख़ुद्दाम सा आता है नज़र क्यों

करती है इंतज़ार कहीं पे इक अहिल्या
हर शख़्स उसे राम सा आता है नज़र क्यों

अर्श = आसमान
क़याम = ठहरना

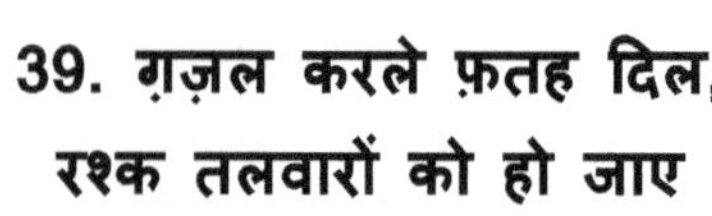

39. ग़ज़ल करले फ़तह दिल, रश्क तलवारों को हो जाए

ग़ज़ल करले फ़तह दिल, रश्क तलवारों को हो जाए
महामारी कोई; नफ़रत की दीवारों को हो जाए

हमें महरूम रखा इस जनम में तो ख़ुदा तुमने
मगर अगले में हमसे इश्क़ दो चारों को हो जाए

फ़क़ीरा है, बहुत से बादशाह हैं जेब में उसकी
सही क़ीमत का अंदाज़ा सब बाज़ारों को हो जाए

अदालत, ये नहीं फ़रियाद कि मुर्दे ज़िला दे तू
बस इतना कर सजा जल्दी गुनहगारों को हो जाए

हुकुम ने आख़िरी ख्वाहिश तलब की है तो फ़रमाया
खबर मेरे जनाज़े की मेरे यारों को हो जाए

40. रोकना है मुझे तो अपना वास्ता दे दे

जन्म दे फिर से तो कोई दूसरा जहाँ दे दे
वरना मुझको तू ख़ुदा दूसरा ख़ुदा दे दे

दाग देखे तो तिफ़्ल की तरह सुबकने लगा
चाँद कहता है कोई और आईना दे दे

कहता है मेरा मसीहा कि दवा महँगी है
मैंने उससे कहा कि छोड़ तू दुआ दे दे

सोने चाँदी के निवाले दे जिसे देने हैं
साँस लेने के लिए बस हमें हवा दे दे

जाने लिखा है हथेली पे किस जबाँ में नसीब
मेरी भाषा में मुझे इसका तर्जुमा दे दे

मुझको मंज़ूर नहीं है तिरा वास्ता-ए-ख़ुदा
रोकना है मुझे तो अपना वास्ता दे दे

तिफ़्ल = बच्चा
तरजुमा = अनुवाद

41. शमशीर खोए होश-ओ-हवास, क्या करें

हैवानियत हुई है बेलिबास क्या करें
शमशीर खोए होश-ओ-हवास, क्या करें

मिलती हैं महफ़िलों में हमें ओढ़ तल्खियाँ
सर से शुरू हो पाँव तक मिठास, क्या करें

दरबार में नौ रत्न वास्ते बने थे तख़्त
उन पर विराजमान हुए दास, क्या करें

रहते हैं मेरे साथ सनम एक ही घर में
ज़रिया-ए-गुफ़्तगू है दूरभाष, क्या करें

गुम हो गए हैं आप, हम एक ही मकान में
छोड़ो अब एक दूजे को तलाश क्या करें

सिल कर जुबान सहते रहे हुक्म के सितम
मंदिर में अब निकाल के भड़ास क्या करें

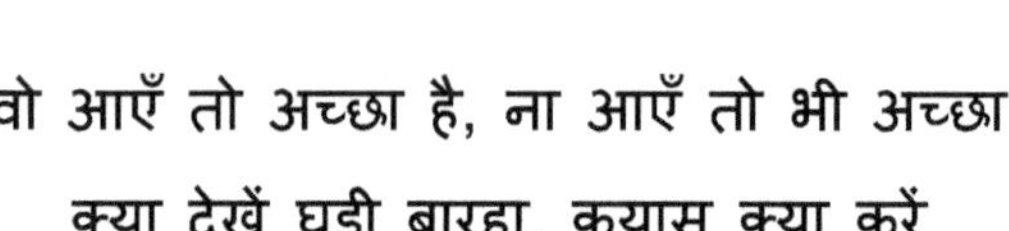

वो आएँ तो अच्छा है, ना आएँ तो भी अच्छा

क्या देखें घड़ी बारहा, क़यास क्या करें

शमशीर = तलवार

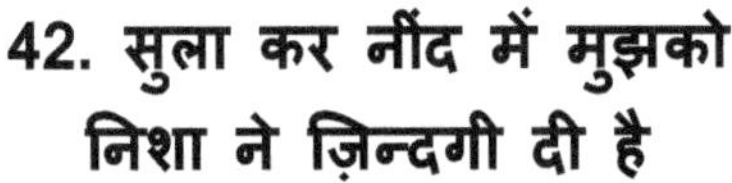

42. सुला कर नींद में मुझको
निशा ने ज़िन्दगी दी है

सदा जिसने यहाँ चैन ओ अमन की साँस छीनी है
सियासत को उस ज़हरीली हवा ने ज़िन्दगी दी है

दुआ ने काम अपना ओट में रह कर किया सारा
मगर बीमार ने समझा, दवा ने ज़िन्दगी दी है

मैंने बंजर जमीं को अपने अश्कों से नहलाया है
ना ये समझो कि सावन की घटा ने ज़िन्दगी दी है

सपेरा मौसिकी पे अपनी करता है गुमाँ कितना
जिसे नागिन की हर नाज़ुक अदा ने ज़िंदगी दी है

मज़ाज़ी इल्म के मारे हुए पश्चिम के लोगों को
यहाँ आध्यात्म की पूरब दिशा ने ज़िन्दगी दी है

उजालों ने मुझे दिन भर मशीनों की तरह बरता

सुला कर नींद में मुझको निशा ने ज़िन्दगी दी है

मज़ाज़ी = सांसारिक
मौसिकी = संगीत

43. जीवन है इक नगीना, कुछ देर ही ठहरेगा

मझधार में ही इसका गुजरेगा वक़्त ज़्यादा
साहिल पे तो सफ़ीना कुछ देर ही ठहरेगा

आएगी सहर फिर कल, होंगे तितर बितर फिर
ये नींद का करीना कुछ देर ही ठहरेगा

कुदरत ने जो बख़्शा है, करनी है कद्र उसकी
जीवन है इक नगीना, कुछ देर ही ठहरेगा

कहता है हुकूमत से, मदमस्त इक सुख़नवर
ये हुस्न नाजनीना, कुछ देर ही ठहरेगा

हैवानियत के पर्वत ढोती रहेगी धरती
माथे पे ये पसीना कुछ देर ही ठहरेगा

सुख़नवर = कवि

44. अल्लाह तेरी खुदाई
कब तक रहेगी क़ायम

रहती है पत्थरों की बस्ती में जो अकेली
वो काँच की सुराही कब तक रहेगी क़ायम

सामान पुल बनाने का जोड़ हम लिए हैं
देखेंगे अब, तू खाई कब तक रहेगी क़ायम

सीना फुला रहे हैं, बा-उम्मीद, दर्द मेरे
की ख़ून में दवाई कब तक रहेगी क़ायम

हम ने दीवानगी की सरहद ही ख़त्म कर दी
देखेंगे जगहँसाई कब तक रहेगी क़ायम

इंसान चाँद तारों की ओर जा रहा है
अल्लाह तेरी खुदाई कब तक रहेगी क़ायम

खामोशियाँ हमारी ये शर्त लगाती हैं
अपनी ये लबकुशाई कब तक रहेगी क़ायम

कागज़ के फूल कब तक छिड़केंगे इत्र खुद पर
भँवरों की आवाजाही कब तक रहेगी क़ायम

लबकुशाई = बातचीत

45. सीनों की आग सारी
गई बादलों में क्यों है

रहती है ख़ुशी तनहा, ग़म क़ाफ़िलों में क्यों हैं
क़ुरबत की उखड़ी साँसें, दम फ़ासलों में क्यों है

मैं ढूँढ़ता हूँ जिसको यारों की मोहब्बत में
मेरे लिए वो तिशना मेरे क़ातिलों में क्यों है

मेरे सितमगरों ने पत्थर तो मुझपे फेंके
महबूब मेरे लेकिन तू घायलों में क्यों है

दिन रात चूमती हैं क़दमों को, राह उसके,
राही की नज़र फिर भी बस मंज़िलों में क्यों है

बिजली कड़क रही है, सहमी हुई हैं शक्लें,
सीनों की आग सारी गई बादलों में क्यों है

काग़ज़ पे जो अंधेरी बस्ती के नाम हो गए
तैनात वो उजाले इन महफ़िलों में क्यों है

आँखों में समुन्दर की, डूबी थी कल जो कश्ती
आज डोर बँधी उसकी इन साहिलों में क्यों है

कुरबत = नज़दीकियाँ
तिशना = प्यास

सिर्फ़ ना गुल-ए-शगुफ़्ता से रखा काम मैंने
टूटे पत्ते को लिया अंजुली में थाम मैंने

अब तो खो जाता हूँ तहरीर के जंगल में सदा
कोरे काग़ज़ पे पढ़े थे कभी पैग़ाम मैंने

 46. देवदासी कोई खुल के हँसती है क्या

तेरे दिल में मोहब्बत भी बसती है क्या
सुन समुन्दर तुझे प्यास लगती है क्या

मैं हूँ साहिल, बता, बीच मझधार में
याद में मेरी, कश्ती सिसकती है क्या

इश्क़ इंसान की एक खिलकत है या
इश्क़ को भी ये कुदरत ही रचती है क्या

ताज पर चाँदनी ने चुनरिया ढकी
चाँद नज़रों में तेरी खटकती है क्या

देवनगरी में आया हूँ मैं देखने
देवदासी कोई खुल के हँसती है क्या

इस जमीं पर मिली बस मशक़्क़त हमें
लेकिन जन्नत में मस्ती ही मस्ती है क्या

मक़बरे में सदा पूछती फिर रही

ज़िन्दगी मौत से अब भी सस्ती है क्या

खिलकत = रचना
सदा = आवाज़

47. हर सम्त कटे सर यहाँ ज़ुल्मत के दिखेंगे

करती हैं रिहा चूम के मुझको ये सलाख़ें
कहती हैं मुझे ख़्वाब हिरासत के दिखेंगे

आँगन तलाशता फिरे आवारा परिंदा
न्योते कहीं तो, आँख में, दावत के दिखेंगे

मैयत को ताक़ता रहा मुरीद एक पागल
शायद निशान जिस्म में हरकत के दिखेंगे

दुनिया तेरी बनायी हुई देख ली हमने
अब ये बता कब जलवे क़यामत के दिखेंगे

दौलत ने ख़रीदे हैं यहाँ सिर्फ़ मकानात
घर तो तुम्हें गरीब की मेहनत के दिखेंगे

सोचा ना था, कल भेड़िए हो जाएँगे वहशी
तो शेर के चेहरे पे रंग दहशत के दिखेंगे

जिस दिन यहाँ तलवार उठाएँगे चरागाँ
हर सम्त कटे सर यहाँ ज़ुल्मत के दिखेंगे

चरागाँ = दीये
ज़ुल्मत = अंधेरे

48. रब सिर्फ़ इबादत से तो हासिल नहीं हुआ

जब तक मैं आदमी एक नेकदिल नहीं हुआ
रब सिर्फ़ इबादत से तो हासिल नहीं हुआ

करता रहा है वार वो छुप छुप के ओट में
मेरा ज़मीर मेरे मुक़ाबिल नहीं हुआ

आया हूँ तेरी कब्र पे बस फूल चढ़ाने
मुर्दे, तेरी जमात में शामिल नहीं हुआ

दुनिया के लिए सिर्फ़ गुज़रगाह मैं रहा
मंज़िल नहीं हुआ, मैं मराहिल नहीं हुआ

आँधी चली तो शीशे चटकते चले गए
पत्थर कोई ज़रा सा भी चोटिल नहीं हुआ

इंसान है भगवान से भी बढ़कर पहेली
भगवन को समझना कभी मुश्किल नहीं हुआ

पत्थर को तराशा गया, ईश्वर तो बन गया
पत्थर इक तराशा हुआ पर दिल नहीं हुआ

49. भँवरे के बिन गुलाब मुकम्मल नहीं होता

चेहरे पे तेरे दर्द को जो हमसे छुपा ले
इतना कोई हिजाब मुकम्मल नहीं होता

जब तक रहेंगे दिन में भी मौजूद अंधेरे
तब तक तू आफ़ताब मुकम्मल नहीं होता

खिल तो गया है बागबाँ की देखभाल से
भँवरे के बिन गुलाब मुकम्मल नहीं होता

गूँगों की जबाँ से अगर आवाज़ ना निकले
समझो की इंक़लाब मुकम्मल नहीं होता

माथे पे हाथ रख के निगाहें तो फेर लीं
क्यों आपका आदाब मुकम्मल नहीं होता

ख़्वाबों में भी पैबंद हक़ीक़त के लगे हैं
मेरा कोई भी ख़्वाब मुकम्मल नहीं होता

50. ज़िन्दगी, ख़ूबसूरती क्यों खो रही हो तुम

ये उजाले ही उजालों के कारख़ाने हैं
मुझको इक लौ से अभी सौ दीये जलाने हैं

देख कर मेरे अंधेरों को ढल गए सूरज
पर मेरे पास चिराग़ों के भी ठिकाने हैं

ये निगाहें जो झुकी हैं ज़मीन के जानिब
इन निगाहों में सितारों के आशियाने हैं

लिख के बैठे हुए हो दिल में मोहब्बत के ख़त
पर लबों से तो कबूतर अभी उड़ाने हैं

जाम भर भर के पी रहे हैं मैकदे में जो
ये वही लोग हैं जो खुद ख़ाली पैमाने हैं

मत छुपो ओट में तुम देख कर मेरा चेहरा
हम नज़र अपनी झुका के खुद निकल जाने हैं

ज़िन्दगी, ख़ूबसूरती क्यों खो रही हो तुम
क्यों जवाँ लोग भी अब मौत के दीवाने हैं

51. जब तड़पती है ज़मीं तो भूचाल आता है

खून में तेरे ज़बरदस्त उबाल आता है
तेरे दुश्मन को उसका इस्तेमाल आता है

तेरी ख़ामोश जुबाँ को पता नहीं कैसे
करना मुझसे हर एक मुश्किल सवाल आता है

वो सियासत है, मनानी है ईद हर दिन उसे
सुन रियाया, उसे करना हलाल आता है

कोई भँवरा तो यहाँ पर कभी नहीं दिखता
कैसे फूलों में यहाँ पर जमाल आता है

आसमानों पे फ़िदा हो चुकी इमारत सुन
जब तड़पती है ज़मीं तो भूचाल आता है

ज़िद पे है कश्ती, उसी वक़्त रवाना होगी
जब समुन्दर तेरे भीतर उछाल आता है

अब तो सय्याद घर से ख़ाली हाथ आता है

फेंकना उसको मोहब्बत का जाल आता है

जमाल = ख़ूबसूरती

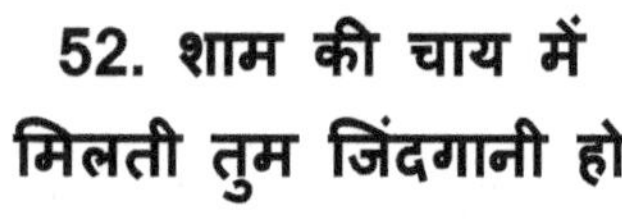

52. शाम की चाय में
मिलती तुम जिंदगानी हो

तीर को छोड़ कर हैराँ हुई कमानी हो
बात कह देते हो, फिर खोजते म'आनी हो

उम्र दिन भर की, दिहाड़ी में खर्च कर हमको
शाम की चाय में मिलती तुम जिंदगानी हो

कल जब आफ़ताब उठाएगा सहर से पर्दा
मेरा किरदार नया हो, नई कहानी हो

रब अगर ग़म भी कोई दो तो नया सा देना
जिसकी सूरत ना ही जानी हो ना पहचानी हो

बस यही आख़िरी ख्वाहिश नवाब साहब की थी
ना किसी को भी जनाज़े में परेशानी हो

नए माहौल में आज हम तुम मिलेंगे दिलबर
मेरी हसरत है, तेरी ज़िद वही पुरानी हो

53. चंद हफ़्तों के लिए बाग़बान हो जाएँ

बेहतर होगा कि मुंसिफ़ तुम गवाही ले लो
इससे पहले की सच ये बेज़ुबान हो जाएँ

फूल तोड़े हैं बहुत तुमने तो सज़ा ये है
चंद हफ़्तों के लिए बाग़बान हो जाएँ

फ़र्श चाहते हैं की इक छत बनें वो आज कोई
और कुछ रोज़ में ही आसमान हो जाएँ

आज करने चले हैं मुफ़्त में सवाब कोई
ताकि बाज़ार में कल वो दुकान हो जाएँ

क़ैद में ले तो जा रहे हो एक शायर को
कल को पिंजरे ना कहीं परेशान हो जाएँ

अपनी नज़रों को भ्रमर इतना मुक़द्दस ना करो
की चमन के ये गुलाबाँ क़ुरान हो जाएँ

मुक़द्दस = पवित्र

54. अगर है इश्क़ पाकीज़ा
तो रुसवाई में खिलता है

मैं जब भी भीड़ में जाता हूँ तो मुरझा के आता हूँ
मैं ऐसा फूल हूँ जो सिर्फ़ तन्हाई में खिलता है

ये कुम्हला जाता है इस धूप में और रोशनी में भी
मिरा चेहरा मिरे हमदम की परछाई में खिलता है

निगाहों में, लबों पे, फूटते हैं बुलबुले इसके
जो सच्चा इश्क़ है वो दिल की गहराई में खिलता है

परी हो, नींद में सोते हुए तुमको निहारा है
खुली आँखों का सपना तेरी अंगड़ाई में खिलता है

मिलन की आस ग़र क़ायम रहे तो प्रेम का रिश्ता
खिजाओं में विरह की और जुदाई में खिलता है

मैं शायर हूँ, बनाता हूँ मैं गुलदस्ता जो कागज़ का
सही मानी में, तेरे स्वर की रानाई में खिलता है

ये खिलता कोह की चोटी पे, ये खाई में खिलता है

अगर है इश्क़ पाकीज़ा तो रुसवाई में खिलता है

रानाई = सौंदर्य

कोह = पर्वत

ख़िज़ाँ = पतझड़

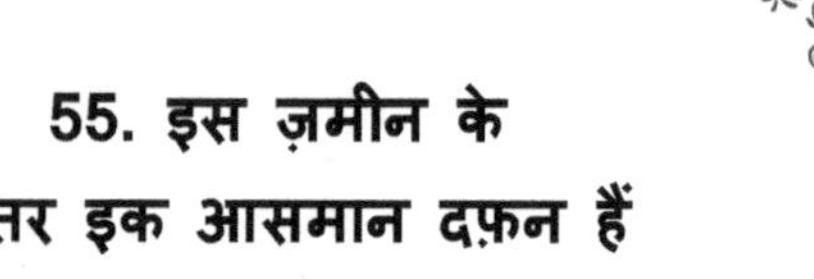

55. इस ज़मीन के भीतर इक आसमान दफ़न हैं

देखो यहाँ सिकंदर महान दफ़न हैं
इस ज़मीन के भीतर कई आसमान दफ़न हैं

कश्ती, तेरे अतराफ है जो शांत समुन्दर
गहराई में उस की कई तूफ़ान दफ़न हैं

तुमने हैं बोये जिस में तिरी हसरतों के बीज
मेरे उसी ज़मीन में अरमान दफ़न हैं

मैंने किया हासिल शहर में छोटा सा कोना
जिसमें मिरे गाँव के बड़े मकान दफ़न हैं

मुमताज़ के नज़दीक जो ये दूजी कब्र है
आशिक़ नहीं इसमें बड़े सुल्तान दफ़न हैं

इतिहास के पन्नों में सिर्फ़ बादशाह नहीं
इसमें तो पीढ़ियाँ, पूरे ख़ानदान दफ़न हैं

56. शैताँ के हिस्से में कहाँ इतवार रहते हैं

गले लगने को मेरे हर समय तैयार रहते हैं
ग़मों की बस्ती है, घर घर में रिश्तेदार रहते हैं

प्रभु ही खुद को मजहब के मुताबिक़ ढाल लेते हैं
कहीं मूरत, कहीं पे बिन लिए आकार रहते हैं

फ़रिश्तों ने बढ़ाई हैं यहाँ पर छुट्टियाँ अपनी
मगर शैताँ के हिस्से में कहाँ इतवार रहते हैं

हो ख़ाली हाथ भी तो तुम मुझे मिलने ज़रूर आना
तबस्सुम में तेरी, मेरे असल उपहार रहते हैं

बर्फ़ की सिल्लियाँ पाओगे शक्लों पे भले ही तुम
यहाँ सीने में लेकिन फूटते अंगार रहते हैं

मिला दोनों को, बहता दरमियाना, एक ही दरिया

भले इस पार रहते हैं, भले उस पार रहते हैं

विलायत में बसे बेटे से कहती माँ कि आजा अब

बहुत, बापू तुम्हारे, आजकल बीमार रहते हैं

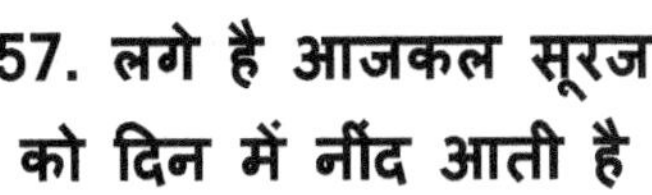

57. लगे है आजकल सूरज को दिन में नींद आती है

सहर में शब की छाया, धूप में भी धुँधलापन है
लगे है आजकल सूरज को दिन में नींद आती है

तुम्हारी याद में जो रात भर सोयी नहीं इक पल
नहीं क्यों फिर भी उस चाहत को दिन में नींद आती है

जहाँ पर क़ातिलों को ना कोई क़ानून थर्राता
वहाँ पर कौन से मरघट को दिन में नींद आती है

जो ग़र इतवार भी हो तो ना कोई बोल ना बाती
मिरे साजन की तो रग रग को दिन में नींद आती है

सुबह से शाम तक बस काम, उसको काम रहता है
नहीं इक गाँव की औरत को दिन में नींद आती है

58. मैं ग़ैर हाज़िर रहा,
कैसे कहूँ वो बेवफ़ा निकली

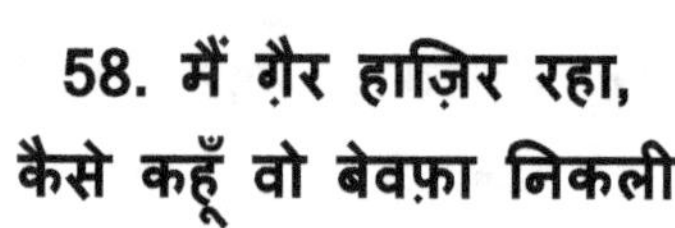

मेरे ज़ख्मों को पढ़ने में, तेरी, माहिर, ज़ुबाँ निकली
मैं समझा आग निकलेगी मगर उस से दुआ निकली

उम्र भर, ज़िन्दगी, बरती किफ़ायत जीने में तुझको
तिजोरी खोल कर देखा तो उसमें बस खला निकली

कहारों को नहीं छूने दी जिसने शाम तक डोली
मैं ग़ैर हाज़िर रहा, कैसे कहूँ वो बेवफ़ा निकली

मैंने ख़ाली समझ ताला जो अपने दिल का खोला तो
वहाँ से यार तेरे प्यार की एक इंतिहा निकली

मेरे सन्नाटों को इक तीर ने जब भी किया ज़ख़्मी
निशाना आप ही का था, तुम्हारी ही कमाँ निकली

जिसे दीवार समझा, दरमियाँ, मैं, खुद से ही खुद के
जो मैंने गौर से देखा तो वो इक आईना निकली

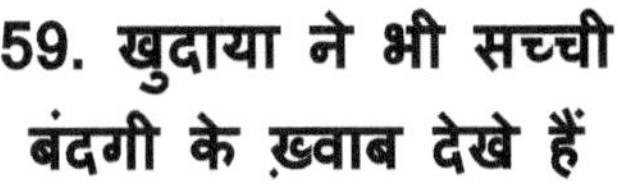

59. ख़ुदाया ने भी सच्ची बंदगी के ख़्वाब देखे हैं

यहाँ पर आँधियों के हुक्म की तामील होती है
चिराग़ों ने यहाँ पर रोशनी के ख़्वाब देखे हैं

वहाँ तुम बात करते हो क्यों मुर्दा को जिलाने की
जहां ज़िन्दा जनों ने ज़िन्दगी के ख़्वाब देखे हैं

इबादत में हुआ है दख़्ल जिस दिन से तिजारत का
ख़ुदाया ने भी सच्ची बंदगी के ख़्वाब देखे हैं

तड़प कर कहता है सहरा, समुन्दर की नहीं चाहत
मिरी तपती जमीं ने बस नमी के ख़्वाब देखे हैं

ख़ुदा से, हमने मिन्नत कर कोई जन्नत नहीं माँगी
फ़क़त, हालात की कुछ बेहतरी के ख़्वाब देखे हैं

इधर तो आदमी चलते हैं अक्सर जानवर की चाल
उधर हर जानवर ने आदमी के ख़्वाब देखे हैं

60. मेरी काया में तुम्हारे भी कष्ट रहते हैं

लाल रहती है ज़मीं, सूर्य अस्त रहते हैं
बुद्धजीवी समाज जब तटस्थ रहते हैं

काम होता हुआ कुछ भी नज़र नहीं आता
बैठकों में मगर अफ़सर व्यस्त रहते हैं

जावेंदा होके भी सागर उदास क्यों है तू
देख, पल भर के बुलबुले भी मस्त रहते हैं

आप सेहत में रहें, लाज़िमी है मेरे लिए
मेरी काया में तुम्हारे भी कष्ट रहते हैं

एक दूजे के लिए दोनों मसीहा हैं यहाँ
मन से तन और तन से मन स्वस्थ रहते हैं

नींद में ख़्वाब मेरे महल खड़े करते हैं
वार होते हैं नींद पे, ये ध्वस्त रहते हैं

बांध देते हैं डोर अंत में किनारों से

जो सफ़ीने सदा सागर परस्त रहते हैं

जावेंदा = अमर
सफ़ीना = कश्ती

श्रीकृष्ण क्यों व्यर्थ महाभारत दिया होने
था क्या गिला जो वन में जुआरी चले गए

जज़्बातों ने पहने हुए थे बोसीदा कपड़े
अल्फ़ाज़ पहन सूट सफ़ारी चले गए

बोसीदा = कटे फटे

61. होकर ख़ुदा मुजस्सिम, भगवान बन गया

मज़मून वही है, नया उनवान बन गया
होकर ख़ुदा मुजस्सिम, भगवान बन गया

देनी लगीं सुनाई नित धड़कनें नई
जब दिल का बंद कमरा, दालान बन गया

दर से निकल के आपकी ख़ुशबू चली गई
मुरझा गया है घर मिरा, मकान बन गया

कहता है ख़ुदा, कर्म से तक़दीर बदल ले
ऐसा नहीं जो लिख दिया फ़रमान बन गया

आता था हमको बोलना बस लफ़्ज़ मोहब्बत
तोता भी तंग आके बेज़ुबान बन गया

मुजस्सिम = जिसका आकार हो
उनवान = शीर्षक

62. मिलते हैं तो नज़रों को उठा ही नहीं पाते

तन्हाई में तस्वीर देखते हैं हमारी
मिलते हैं तो नज़रों को उठा ही नहीं पाते

अल्फ़ाज़ में कुछ और ज़रा वज़्न डालिए
तिनके से हैं, अधरों को उठा ही नहीं पाते

तूफ़ान यहाँ ऐसे भी ख़िताब ले गए
सागर में जो लहरों को उठा ही नहीं पाते

इक रोज़ कब्रगाह में चीखे सभी मुर्दे
पर हुकुमती बहरों को उठा ही नहीं पाते

जगते हैं पहले गाँव, फिर सूरज को जगाते
सूरज हैं कि शहरों को उठा ही नहीं पाते

टुकड़े क्यों आसमाँ के उनके नाम कर दिए
पंछी जो परों को उठा ही नहीं पाते

63. सागर को तो अरमान जगाने नहीं आए

माथे पे मेरे हाथ फिराने नहीं आए
कदमों में रहे आप, सिरहाने नहीं आए

अतराफ तेरे मैंने बनाए सौ ठिकाने
इक पर भी मगर तेरे निशाने नहीं आए

लौटा दिए फ़क़ीर ने चाँदी के निवाले
खुद बादशाह जब उनको खिलाने नहीं आए

क्या बात है की बोल आज खूब रहे हो
पर लब पे तेरे कोई उलाहने नहीं आए

आए थे सर तो रखने मेरे दोस्त बहुत से
कांधों को मेरे भार उठाने नहीं आए

दादी को ढूँढने लगीं चिड़ियों की निगाहें
आँगन में नज़र जब उन्हें दाने नहीं आए

खुशहाल समझ कर हमें जलता है ज़माना
हमको जर्मीं पे अश्क़ गिराने नहीं आए

आग़ोश में, साहिल के, आ कहने लगीं मौजें
सागर को तो अरमान जगाने नहीं आए

64. देवी से पाँवों को बिना धोके नहीं मिलते

मुझको लगे मैं खुले आसमाँ के तले हूँ
पर धूप ये कहे कि झरोखे नहीं मिलते

जन्नत में गुज़ारे मैंने दो दिन तो ये पाया
जन्नत में कोई लोग अनोखे नहीं मिलते

दर पे किसी परात में पानी भरे रखना
देवी से पाँवों को बिना धोके नहीं मिलते

रोज़ अपने बाग़बान को ढूँढे फिरे गुलाब
कहता है उसे माथे पे बोसे नहीं मिलते

शहरों में मिलीं घर घर हमें दादियाँ तनहा
अब साथ उनके पोती और पोते नहीं मिलते

मिलती हैं मुझे यार की चाहत भरी नज़रें
कैसे मैं कहूँ कि मुझे तोहफ़े नहीं मिलते

मिलते हो मुझे रूप क्यों औरों सा बदलकर

क्यों आप मुझे आप सा होके नहीं मिलते

65. पर देखता हूँ मैं कि अभी माँ थकी नहीं

बोला ख़ुदा उसको मेरे सजदे तो मिल गए
मिलती है मगर फिर भी मेरी बंदगी नहीं

हैरान हैं जन्नत में कई सारे शहंशाह
वो हो गए खतम मगर दुनिया रुकी नहीं

मंदिर के बंद हो गए पट, सो गए प्रभु
पर देखता हूँ मैं कि अभी माँ थकी नहीं

सय्याद कह उठा कि रिहा हो गई बुलबुल
जब एक दिन वो नींद से अपनी जगी नहीं

तस्वीर आपकी है मुसव्विर का शाहकार
तस्वीर आपकी ये मगर आप सी नही

हमको दोबारा जन्म दे कहने लगे प्रभु

बख़्शी गई है मौत को हमेशगी नहीं

मुसव्विर = चित्रकार
शाहकार = सर्वश्रेष्ठ चित्र

66. शायर, कोई ग़ज़ल-ए-क़यामत बनाइए

उसको तो ख़ुदा के लिए चाहत बनाइये
ना उस की इबादत को रवायत बनाइये

हो जाएगी आख़िर में अल्लाह से मुलाक़ात
ग़र पूरी ज़िन्दगी को ज़ियारत बनाइए

तैयार हूँ मैं क़ैद हो जाने के लिए ग़र
जो आप अपने दिल को हिरासत बनाइए

करता है एक मकतूल मदफ़ून, गुज़ारिश
शायर, कोई ग़ज़ल-ए-क़यामत बनाइए

बीमार हूँ मैं, आइए लेकर कुछ मोहब्बत
आमद को ना बस रस्मी अयादत बनाइए

तन्हाई क़ीमती है ना ज़ाया करें इसे
तन्हाई में ख़ुद से ही कुछ कुरबत बनाइए

मदफ़ून = जो दफ़न हो
कुरबत = नज़दीकियाँ
अयादत = बीमार का हाल पूछने जाना

रहती हैं मुक़ाबिल, दाएँ बाएँ नहीं जातीं
हमको अकेला छोड़, बलाएँ नहीं जातीं

ज़िंदा कई ज़ख़्म हैं मदफ़ून जिस्म में
घुल कर लहू में जिन तक दवाएँ नहीं जातीं

उन पर तो सियासत का ग़ज़ब हुस्न चढ़ा है
पूजा में भी छोड़ी ये अदायें नहीं जातीं

रानी को दिलासा गई दे, कह ये नर्तकी
राजा की कभी उस पे निगाहें नहीं जातीं

अपनी उड़ान पर नहीं है तुमको भरोसा
या आपसे छोड़ी ये पनाहें नहीं जातीं

संग आपसे काटी अब सजायें नहीं जातीं
अब हम से गुजर आपकी राहें नहीं जातीं

68. हम अपनी इबादत का इश्तिहार क्यों करें

हम भी हैं नमाज़ी, ये क्या दुनिया को बताएँ
हम अपनी इबादत का इश्तिहार क्यों करें

मूरत हो तुम पत्थर की, लो मंदिर में ठिकाना
इस दिल के आशियाने को बेकार क्यों करें

हमने कदम बढ़ा दिए हैं आप के जानिब
पायल के खनकने का इंतजार क्यों करें

काएनात मिल गई है इक ठहरे हुए पल में
फिर ज़िन्दगी की तेज हम रफ़्तार क्यों करें

ज़ख्मों में दिख रही है तेरी शक्ल, मोहब्बत
करके इलाज, ख़त्म ये दीदार क्यों करें

सय्याद कहे कि खुली हवा में ज़हर है
बुलबुल को रिहा कर उसे बीमार क्यों करें

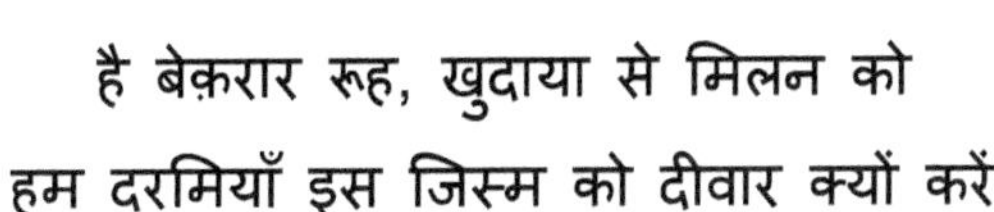

है बेक़रार रूह, खुदाया से मिलन को
हम दरमियाँ इस जिस्म को दीवार क्यों करें

69. दिल काँच का नहीं, हमें फ़ौलाद चाहिए

तामीर जो बुलबुल के मक़बरे की अगर हो
तो साथ में होना दफ़न सय्याद चाहिए

बख्शो अगर खुदा हमें दोबारा ज़िन्दगी
दिल काँच का नहीं, हमें फ़ौलाद चाहिए

लाएँगे तुम्हें राम, बारहा इस जमीं पर
हमको हर दशानन यहाँ बरबाद चाहिए

यूँ शस्त्र उठाने की ना हठधर्मी कीजिए
आईए हमें आप से संवाद चाहिए

मजहब ने तो माँगा है सदा चैन-ओ-अमन
निर्लज्ज सियासत तुझे फ़साद चाहिए

70. शायर जो हुकूमत से हो नाराज़, चाहिए

सन्नाटे में एक गूंजती आवाज़ चाहिए
शायर जो हुकूमत से हो नाराज़, चाहिए

पाँवों तले ज़मीन बदल के नहीं देती
उम्मीद को हर दिन नया आकाश चाहिए

मंदिर में प्रभु जब तिरी मूरत को छुऊँ मैं
इस भक्त को तेरा तनिक एहसास चाहिए

विस्तार से गुज़ारकर जिस को तू आ गया
उस ज़िन्दगी का क्यों तुझे सारांश चाहिए

माना है मैंने खुद को मेरी एक जुस्तजू
हर सुबह मुझे इक नई तलाश चाहिए

मंज़िल मुझे पाए तो एक गुलाब सी खिले
और राह मेरी याद में उदास चाहिए

अतराफ अंधेरे हैं, बहुत दूर सितारे
हमको कोई चिराग़ आस पास चाहिए

जुस्तजू = तलाश

71. गूँगों से सदा निकले, बहरों को सुनाई दे

मंजर किसी दिन हमको ऐसा भी दिखाई दे
गूँगों से सदा निकले, बहरों को सुनाई दे

आवाज़ पे ये पहरे हो जाएँगे अबस जो
नज़रों से सदा निकले, नज़रों को सुनाई दे

सजता जिस मुल्क का चेहरा है उन में, उसकी
गाँवों में आत्मा है, शहरों को सुनाई दे

बुलबुल-ए-लफ़्ज़ को इस पिंजरे से रिहा कर दे
सय्याद बने तेरे अधरों को सुनाई दे

उम्मीद की बिजुरिया नैनों में कड़कती है
प्यासी जमीं की विनती बदरों को सुनाई दे

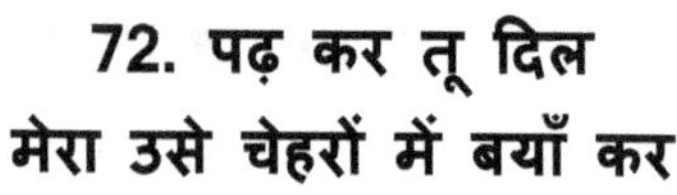

72. पढ़ कर तू दिल
मेरा उसे चेहरों में बयाँ कर

चल मुझ को आज तू चंद मिसरों में बयाँ कर
ये पहर-ए-सहर है, मुझे खबरों में बयाँ कर

शायर अज़ीम, तेरा है आज इक इम्तिहाँ
पढ़ कर तू मेरा दिल उसे चेहरों में बयाँ कर

कहने लगा इक ठहरा हुआ मौन समुन्दर
मुझको तू लफ़्ज़ लफ़्ज़ मिरी लहरों में बयाँ कर

मंज़िल से ना करना बयाँ इस लम्बे सफ़र को
करना है अगर तो इसे डगरों में बयाँ कर

करते हैं परेशाँ उसे ये चाँद सितारे
गोरी से कभी इश्क़ तू गजरों में बयाँ कर

अनपढ़ हूँ मैं, गीता का मुझे सार चाहिए
ज्ञानी महान, मत इसे अखरों में बयाँ कर

73. आग़ोश में आओ तो समेटे नहीं जाते

बादल से हो, उड़ते हुए देखे नहीं जाते
आग़ोश में आओ तो समेटे नहीं जाते

टूटे हुए तारों से फलक को ये गिला है
बाहों में जमीं की, वो बता के नहीं जाते

बगिया से मेरी जिस को लिया तोड़ जहाँ ने
यादों के, उस गुलाब की, काँटे नहीं जाते

घंटों निहारते हैं इक ठहरे हुए जल को
चाहत के अश्म उसमें पर फेंके नहीं जाते

इस गाँव में घर एक भी ऐसा नहीं दिखता
जिससे मुल्क की फ़ौज में बेटे नहीं जाते

तुम ख़्वाब हो मिरे और बड़ी लम्बी उम्र है
ज़िन्दा बदन पे कफ़न लपेटे नहीं जाते

सोचा था आंसुओं में बहाएँगे आप को
इतने सख़्त हैं आप कि बह के नहीं जाते

अश्म = पत्थर

74. मुर्दे, अल्लाह कभी भी जिलाता नहीं

जिसको मझधार में तैरना आ गया
उसको साहिल का आराम भाता नहीं

जेठ पारी लगा दूसरी खेलने
और सावन ने खोला ही खाता नहीं

प्यार की पाती है तो थमा दीजिए
हमको फ़रमान पढ़ना तो आता नहीं

कब्र से आई होगी सदा हिज़्र की
वस्ल के गीत तो मुर्दा गाता नहीं

बारिशों ने ज़मीं को हरा कर दिया
वरना यूँ आसमाँ तिलमिलाता नहीं

मौत और ज़िंदगी के नियम सख़्त हैं
मुर्दे, अल्लाह कभी भी जिलाता नहीं

75. राजा हुए मुलाजिम धन के

धड़कन धड़कन डगर बदलता
कैसे पाँव टिकाऊँ मन के

साँस साँस हिलते रहते हैं
बुनियादी पत्थर जीवन के

उँगली पर ना नृत्य कराओ
आओ वक़्त सपेरा बन के

निर्धन ने राजा बनवाए
राजा हुए मुलाजिम धन के

कान्हा तुम ज़िद्दी हो माना
छोड़ोगे मैदान ना रण के

मीरा की हठ भी क्या कम है
बदलेंगे ना स्वर वंदन के

श्रीकृष्ण स्पष्ट बता दो
कब होंगे दर्शन मोहन के

राधा का प्रतिबिम्ब बना तो
नैन फटे रह गए दर्पण के

फ़िक्र ज़ुबानी मत जतलाओ
हमको दो स्पर्श सजन के

बंधन वो पक्के होते हैं
धागे जिनके अपनेपन के

उतारो सूफ़ियाना पैरहन, पहनो नए कपड़े
तमन्नाएँ तुम्हें देखें तो हो बेताब आ जाएँ

ख़ुदा दौलत नहीं तुम दो हमें बस चाहनेवाले
जो हम डूबें, बचाने हर दिशा से नाव आ जाएँ

76. शाम हो तो दीयों में बदल जाईए

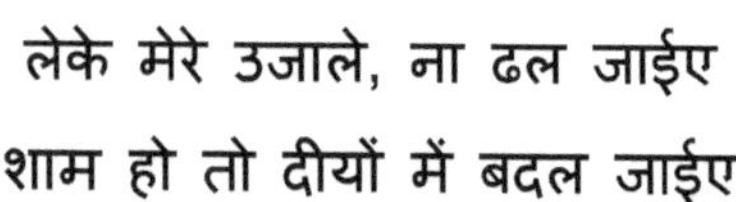

लेके मेरे उजाले, ना ढल जाईए
शाम हो तो दीयों में बदल जाईए

'आज' हर रोज़ आएगी आती रहे
हम भी कहते रहेंगे कि कल जाईए

प्यार का एक मंदिर बनाया मैंने
आप पत्थर हैं, मूरत में ढल जाइए

ना कहूँ मेरी दुनिया बदल जाईए
बस मोहब्बत में कर कुछ पहल जाईए

कोसिएगा नहीं कीचगारों को यूँ
आप इनमें खिला के कमल जाईए

खोटे सिक्के भी चलते हैं बाज़ार में
आप तो हैं खरे क्यों ना चल जाईए

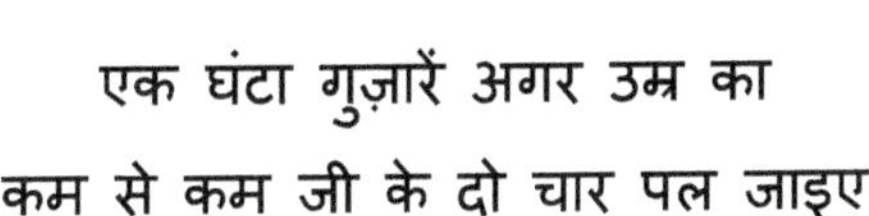

एक घंटा गुज़ारें अगर उम्र का
कम से कम जी के दो चार पल जाइए

बांध रखे हैं ज़ंजीर से क्यों कदम
ग़र फिसलने लगें तब संभल जाईए

77. दिलरुबा मुझ पे जाँ-निसार हुई

एक पिंजरे से तो फ़रार हुई
रूह दूजे में गिरफ़्तार हुई

चश्म में एक शिला रहती थी
तुझ को देखा तो आबशार हुई

मेरी आँखों में डूबती वो गई
इश्क़ की नाव आर पार हुई

उम्र जो ख़्वाब देखते गुजरी
ज़िन्दगी में वही शुमार हुई

जिसपे चाबुक चलाया करते थे
हम पे चाहत वही सवार हुई

एक शहजादा हुआ बाँदी का
सल्तनत एक दरकिनार हुई

उस की ख़ातिर मैंने चाहा मरना
दिलरुबा मुझ पे जाँ-निसार हुई

पार्थ वो बाण कौन सा है भला
उर्वशी जिस का कल शिकार हुई

आबशार = झरना
पार्थ = अर्जुन

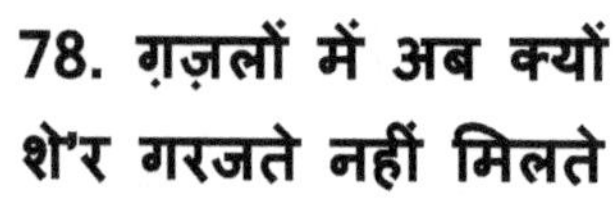

78. ग़ज़लों में अब क्यों शे'र गरजते नहीं मिलते

शोले किसी शायर में भड़कते नहीं मिलते
ग़ज़लों में अब क्यों शे'र गरजते नहीं मिलते

आबोहवा चमन की बदलनी ही पड़ेगी
बीमार दरख़्तों पे हरे पत्ते नहीं मिलते

हम भूल भूलैया हैं यही मान के आना
हम जैसे बियाबानों के नक़्शे नहीं मिलते

तुम चाँद सितारों पे जता लीजिएगा हक़
हम प्यार से मिलते हैं, हम हक़ से नहीं मिलते

अतराफ इस शहर के बड़ा एक समुन्दर
पानी मगर यहाँ ज़रा सस्ते नहीं मिलते

पागल थे कल तलक तो हंसी रुकती नहीं थी
हो गए हैं समझदार तो हंसते नहीं मिलते

मज़लूम की नज़रों में भी मंज़िल तो बसी है
कदमों में हौसला भी है, रस्ते नहीं मिलते

79. भँवरे ने कली अपनी निगाहों से खिला दी

ख़ारों ने जो नज़दीक ना जाने दिया उसको
भँवरे ने कली अपनी निगाहों से खिला दी

बोला था उसको ख़्वाब की ताबीर तो करो
उसने वरक़ पे यार की तस्वीर बना दी

सरकारी मसीहाओं ने मुर्दों को जिलाया
सच्चाई काग़ज़ों के ढेर तले दबा दी

इसको ना शिकायत समझ बस इत्तिला समझ
हमको उमर तो दी ख़ुदा, पर ज़िन्दगी ना दी

बाती तवील थी और कमी तेल की ना थी
लौ फिर भी हवाओं ने बड़ी जल्दी बुझा दी

पकड़ो उसे,ये आग जिस किसी ने लगाई

बख्शो ना पर उसे भी, इसे जिसने हवा दी

तुमने दिए ज़ख़्म ये तुम्हारा रिवाज था

हमने तुम्हें दवा दे, अपनी रस्म निभा दी

तवील = लम्बी

खारे = काँटे

ताबीर = सपनों का अर्थ

वरक़ = काग़ज़

80. होना है अभी आदमी को और आदमी

तस्वीर इन्स की ये अभी तक है अधूरी
होना है अभी आदमी को और आदमी

जेर-ए-नज़र हैं आदमी के, चाँद सितारे
करता नहीं है आदमी पे गौर आदमी

ये दौर-ए-हाज़िरा अभी भी जानवर का है
बाक़ी है अभी आना तेरा दौर आदमी

पड़ने लगे हैं काले, खियाबाँ के हरे रंग
अब तो बदल तरीक़े, बदल तौर आदमी

जीवन की हज़ारों हैं नस्ल, तू भी एक है
ना मान खुद को धरती का सिरमौर आदमी

खियाबाँ = वाटिका

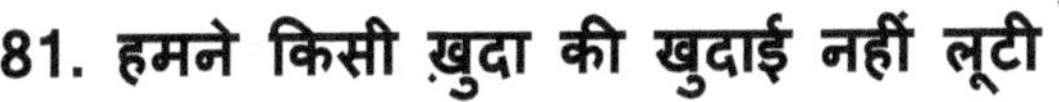

81. हमने किसी ख़ुदा की खुदाई नहीं लूटी

एहसान कर दिए पर वाहवाही नहीं लूटी
हम लुट गए पर हमने भलाई नहीं लूटी

मेला लगा हुआ था, हज़ारों की भीड़ थी
फिर भी किसी ने मेरी तन्हाई नहीं लूटी

लूटी है वक़्त ने सदा दौलत ओ जवानी
पर वक़्त ने किसी की दानाई नहीं लूटी

वो लूटता चला गया सोने और चाँदियाँ
लेकिन किसी रोगी की दवाई नहीं लूटी

हम भी बने मसीहा तो सजदे मिले हमें
हमने किसी ख़ुदा की खुदाई नहीं लूटी

दानाई = अक़्ल, बुद्धि

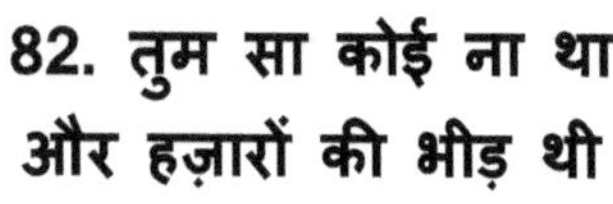

82. तुम सा कोई ना था
और हज़ारों की भीड़ थी

तुम एक में ना थे और नज़ारों की भीड़ थी
तुम सा कोई ना था और हज़ारों की भीड़ थी

नज़दीक गए तो मिले सब चेहरे अजनबी
और दूर से लगा था, हमारों की भीड़ थी

अर्थी उठी जो हार की, काँधे नहीं मिले
और जीत की डोली पे कहारों की भीड़ थी

आवाज़ डुगडुगी की सुन के झांक कर देखा
इक था मदारी जिस पे पिटारों की भीड़ थी

बस फ़ौज के दम पर नहीं जीते हैं वो ये जंग
मिरे दुश्मनों के पास ग़द्दारों की भीड़ थी

वहाँ ख़ुदकुशी करे हुए कई लोग दफ़न थे
वो क़ैद-ए-ज़िन्दगी से फ़रारों की भीड़ थी

83. तुमको मिला है चैन, हमें पीर मिल गई

संदूक़ची में आपकी तस्वीर मिल गई
हमको हमारी वापसी जागीर मिल गई

दोनों पे मुख़्तलिफ़ असर किया है इश्क़ ने
तुमको मिला है चैन, हमें पीर मिल गई

सर कीजिए कलम मेरा और चैन पाइए
अब तो तुम्हारे हाथ को शमसीर मिल गई

पंछी की आँखें रोज़ देखती हैं कोई ख़्वाब
उस ख़्वाब की मुझको लिखी ताबीर मिल गई

उखड़ी हुई पड़ी मिलीं पिंजरे की सलाख़ें
टूटी हुई पड़ी कहीं ज़ंजीर मिल गई

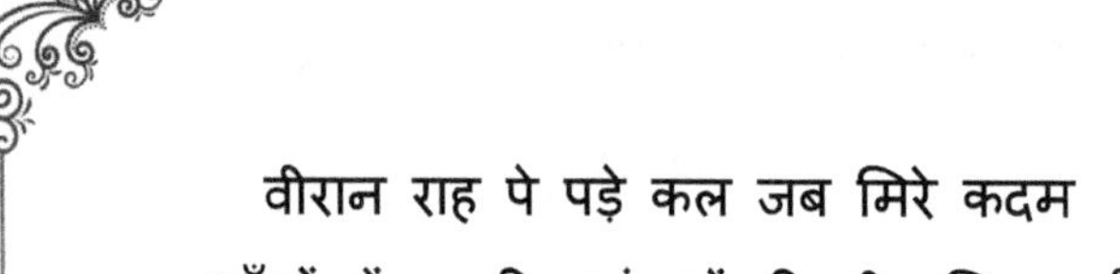

वीरान राह पे पड़े कल जब मिरे कदम

आँखों में उसकी, आंसुओं की भीड़ मिल गई

शमशीर = तलवार

84. आँगन में तुम्हें डालने दाने नहीं आते

तन्हाई में वो सेंध लगाने नहीं आते
अब मिलने कभी दोस्त पुराने नहीं आते

इलज़ाम तग़ाफुल का ना पंछी पे लगाओ
आँगन में तुम्हें डालने दाने नहीं आते

रुकते हैं कदम अब सिर्फ़ मंज़िल पे पहुँच कर
अब राह में कोई ठौर ठिकाने नहीं आते

पलकों को चूमकर मेरी कुछ आँच इन्हें दो
हमको ये गीले नैन सुखाने नहीं आते

दरिया की ज़रूरत है समुन्दर में समाना
दरिया में समुन्दर तो समाने नहीं आते

एहसास दिल के, लफ़्ज़ बनाने नहीं आते
हमको जुबाँ पे इश्क़ सजाने नहीं आते

तग़ाफुल = उपेक्षा करना

85. मेहनत की कमाई हो लुटाए नहीं जाते

सब धूप चली गई, तेरे साये नहीं जाते
नाटक हुआ ख़त्म, पर्दे गिराए नहीं जाते

बरसे नहीं थे तुम मेरे घर फाड़ के छप्पर
मेहनत की कमाई हो लुटाए नहीं जाते

बदला है हवाओं ने अपना रास्ता ये कह
तुर्बत पे जले दीये बुझाए नहीं जाते

ख़ामोश बलम आ गए चट्टान हिला कर
लब अपने मगर उनसे हिलाए नहीं जाते

संगीत की महफ़िल में ज़रा लय में ही रहिए
जहां सुर हों वहाँ शोर मचाए नहीं जाते

दरबार में भगवान की मूरत लगाइये
हाकिम के लिए शीश नवाए नहीं जाते

कोसो ना अंधेरों को हताशा में इस तरह
ग़र आपसे चिराग़ जलाए नहीं जाते

टकरा के अकारिब से लौट आती है आवाज़
पर हम को ज़ख़्मी छोड़ पराए नहीं जाते

तुर्बत = कब्र
अकारिब = परिचित

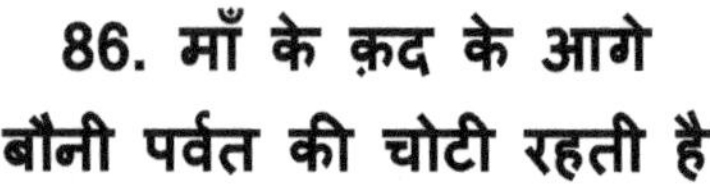

86. माँ के क़द के आगे
बौनी पर्वत की चोटी रहती है

देती है हस हस के विदाई
पर पीछे रोती रहती है

माँ के क़द के आगे बौनी,
पर्वत की चोटी रहती है

मुट्ठी भर फ़ौजी सरहद पर
हर निश करते हैं जगराते

इसीलिए बेफ़िक्र, मुल्क की
आबादी सोती रहती है

दोनों के नैनों में घिर कर
आए ग़म-ए-हिज़्र के बादल

तेरे सूख गए, पर बारिश
मेरे में होती रहती है

पत्थर जोड़े, शहर बनाए
जंगल सारे हुए पराए

काएनात को हम और हमको
काएनात खोती रहती है

उम्र भले कर ले तू लम्बी
पर ज़िन्दगी छोटी रहती है

खोली में लगते थे मजमे
पर सूनी कोठी रहती है

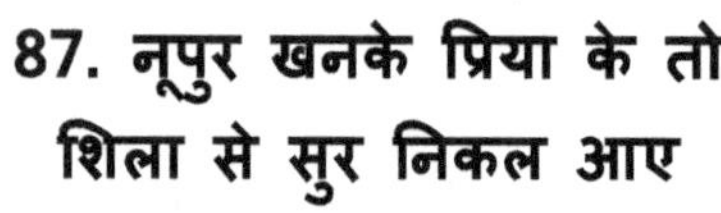

87. नूपुर खनके प्रिया के तो
शिला से सुर निकल आए

उम्मीदों की जमीं जिसको सदा बंजर समझते थे
अचानक एक दिन उस में नए अंकुर निकल आए

जिसे देखा सदा ख़ामोश और मृतप्रायःही समझा
नूपुर खनके प्रिया के तो शिला से सुर निकल आए

नई आशाओं को भर के सुबह जब आँख खोली तो
उजाले सूर्य के होकर बड़े आतुर निकल आए

लिपटना ताज से , यूँ , क़ौमुदी जायज़ बताती है
करे वो और क्या जब चंद्रमा निष्ठुर निकल आए

हमारी हैसियत में क्या कोई बदलाव देखा है
जमाने क्यों तेरी कड़वी जबाँ से गुड़ निकल आए

नूपुर = पायल
कौमुदी = चाँदनी

88. मेरे साजन से सराबों को जलन होती है

हमने देखे हैं फ़क़ीरों के वो जलवे, रुतबे
ग़र अवध में हों, नवाबों को जलन होती है

इक ग़ज़ल जिसकी शक्ल बन गई गुलाबों सी
पढ़ते हैं उसको, किताबों को जलन होती है

शायरी बन गई है ऐसी हक़ीक़त मेरी
अब तो उससे मेरे ख़्वाबों को जलन होती है

बाशक्ल अब सफ़ेदपोश लूटते हैं वतन
असली चेहरों से नक़ाबों को जलन होती है

फूटते हैं ऐसी शिद्दत से नसीबाँ मेरे
उनकी फुर्ती से हबाबों को जलन होती है

हम हुए पास और वो दूर सरक जाते हैं
मेरे साजन से सराबों को जलन होती है

हबाब = बुलबुला
सराब = मरीचिका
दिलाब = मशाल
बाशक्ल = अपनी शक्ल लिए

 89. ज़ेहन से मगर दौर-ए-विसाले नहीं जाते

पर्दे तुम्हारे अक्स पे डाले नहीं जाते
तेरे ख़्याल दिल से निकाले नहीं जाते

जाते हो ख़त्म करके मुलाक़ात जब सनम
करके मुझे क्यों मेरे हवाले नहीं जाते

यूँ तो हुआ है वक़्त कई बार मेहरबान
अच्छे नसीब हम से सम्भाले नहीं जाते

चौखट से मेरी हो गये सब ग़म मेरे रुख़्सत
दरवाज़े फिर क्यों मुझसे ये ढाले नहीं जाते

क़र्ज़े सब देनदारों के करते हैं माफ़ हम
खाते पुराने हमसे खंगाले नहीं जाते

सरहद की लकीरों ने हिजरतें तो बना दीं
ज़ेहन से मगर दौर-ए-विसाले नहीं जाते

हम को इबादतगाह में आने नहीं दिया
हम तेरे ख़ुदाया को चुरा ले नहीं जाते

कहता है इक चिराग़ कि भेजो मुझे वहाँ
जहाँ चाँद और सूरज के उजाले नहीं जाते

ग़र फ़िक्र है सच्ची तो दवा साथ में लाना
बातों से तेरी ,पाँव के छाले नहीं जाते

दौर-ए-विसाले = मिलन के वक़्त की यादें

90. मैं क़ैद में हूँ इसलिए है क़ीमती पिंजरा

छलनी हुए हैं जिस्म तो दोनों तरफ़ मगर
सूराख एक भी नहीं दीवार में दिखता

मैं क़ैद में हूँ इसलिए है क़ीमती पिंजरा
वरना पड़ा हुआ यहाँ भंगार में दिखता

मंदिर में है मूरत तो ज़माना है पुजारी
बाज़ार में होती तो ख़रीदार में दिखता

महफ़िल में तिरी आया ले चेहरे पे मुखौटा
कैसे यहाँ मैं सूरत-ए-बीमार में दिखता

सच है इसीलिए तो इक कोने में दफ़न है
होता जो झूठ हर गली बाज़ार में दिखता

काएनात, काश, आती कभी घर पे मिरे और
मुझको तू उस के हाथ में उपहार में दिखता

दबते ही बटन हो गया कुल घर में उजाला
बिजली तेरा चेहरा क्यों नहीं तार में दिखता

करता शुरू कर्म अगर तामीर -ए -ज़िन्दगी
तो नाम भाग्य का भी रजाकार में दिखता

तामीर = निर्माण
रजाकार = स्वयंसेवी

दिन भले काम में गुजरे हुए घंटों से नपे
रात को ख़्वाब के मीज़ान पे तौला जाए

भीड़ का वजन ना दरबार-ए-शहंशाह में तुले
भीड़ का वजन तो श्मसान पे तौला जाए

मीज़ान = तराज़ू

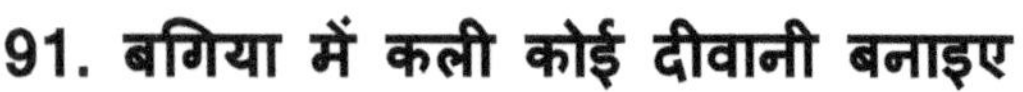

91. बगिया में कली कोई दीवानी बनाइए

रेगज़ारों में सराब को पानी बनाइए
बंजर पड़ी ज़मीन को धानी बनाइए

भँवरों ना इबादत में इतना वक़्त गुज़ारो
बगिया में कली कोई दीवानी बनाइए

लाएगी पीरी संग में दुश्वारियाँ अपने
बेफ़िक्र अपना दौर-ए-जवानी बनाइए

देता हूँ तीन लफ़्ज़, चाँद, ताज, चाँदनी
इनको घुमा फिरा के कहानी बनाइए

रंग डालिए मुसव्विर सब इसमें नए नए
तस्वीर में पर याद पुरानी बनाइए

कहती है राह अपने मुसाफ़िर से बारहा
मंज़िल पे मेरी नक़्श-ए-निशानी बनाइए

मासूम ही रहने दो गुज़ारिश को इश्क़ में
इसको नहीं अभी से सयानी बनाइए

जिस्मों के मेल को ही वस्ल कह नहीं सकते
इस राब्ते को कुछ तो रूहानी बनाइए

पीरी = बुढ़ापा
मुसव्विर = चित्रकार
राब्ता = लगाव

92. दफ़न कोलाहलों में स्वर मिले हमको

दफ़न कोलाहलों में स्वर मिले हमको
बड़े महलों में टूटे घर मिले हमको

निगाहें रिक्त थीं लेकिन हृदय तल में
जो उतरे तो वहाँ सागर मिले हमको

क्यों तलवारें थीं अपनी म्यान में , समझा
ज़मीनों पर कटे जब सर मिले हमको

सलाख़ें तोड़ने का मन बनाया तो
उड़ानों के लिए भी पर मिले हमको

हमारा दौर जब मुश्किल लगा होने
वही शक्लें रहीं पर आदमी दीगर मिले हमको

ना ही घूँघट, ना ही परदा, ना ही काफ़ी रहा बुर्का
सियासतदाँ हमेशा ओढ़ के चादर मिले हमको

दीगर = दूसरे

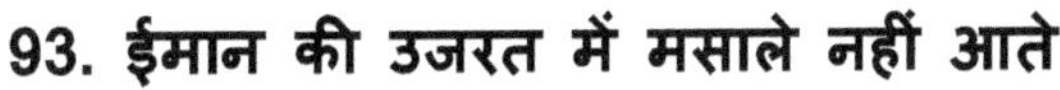

करता हूँ चिराग़ों को बड़ा पाल पोस कर
पर सम्त मिरे उनके उजाले नहीं आते

बाब-ए-नसीब ये नहीं ख़ुद से तो खुलेंगे
और तोड़ने हमें कोई ताले नहीं आते

जो वक़्त मुझसे करके दगा हो गए फ़रार
तलवार के मिरी अब हवाले नहीं आते

चाँदी की मेज़ पर रखी सोने की तश्तरी
पर मुँह में ज़िन्दगी के निवाले नहीं आते

कहने को तो खड़ा हूँ हबीबों की बज़्म में
चेहरे नजर में देखे ओ भाले नहीं आते

आते हैं ज़माने को नज़र ताज तो सर के
लेकिन निगह में पाँव के छाले नहीं आते

फीकी रहेगी दाल ज़िन्दगी भर तुम्हारी
ईमान की उजरत में मसाले नहीं आते

ज़िद्दी हैं इस पनघट के ये ठहरे हुए पानी
हरकत में बिना पत्थर उछाले नहीं आते

बाब-ए-नसीब = भाग्य के द्वार
बज़्म = महफ़िल

94. बचपन के सभी इश्क़ जवाँ हो नहीं पाए

पलकों को इंतज़ार था बोसों का आपके
शबनम से तो एहसास-ए-फ़ज़ाँ हो नहीं पाए

तुम इंद्रधनुष से रहे आकाश में मेरे
लेकिन कभी हाथों पे हिना हो नहीं पाए

दर से मेरे ली आपने जब जब रवानगी
कई दिन मेरी नज़रों से रवाँ हो नहीं पाए

गुँचे सभी जवान हुए, फूल बन गए
बचपन के सभी इश्क़ जवाँ हो नहीं पाए

ज़ख़्मों पे बातचीत के मरहम लगाइए
बंदूक़ के शोले तो शिफ़ा हो नहीं पाए

जब तक रहे इक बुत में वो भगवान ही रहे
बाहर नहीं आए तो ख़ुदा हो नहीं पाए

गिद्धों के निवाले बने ऐसे तमाम जिस्म
मुर्दा तो हुए लेकिन धुआँ हो नहीं पाए

गुमनाम रह गए यहाँ ऐसे कई सूरज
जो बज़्म-ए-सियासत में शमा हो नहीं पाए

शिफ़ा = इलाज
बोसे = चुम्बन

95. आप सी है ग़ज़ल

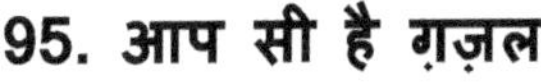

संगमरमर वरक़, चाँदनी है ग़ज़ल
चाँद ने दाद दी, क्या बनी है ग़ज़ल

शायरी आपकी ना ख़ुदाई से कम
जो तू शायर है तो, चूमनी है ग़ज़ल

हमसफ़र मैंने अपना रचा है स्वयं
मेरी तन्हाई की संगिनी है ग़ज़ल

नाम दूजा रखा मैंने इसका नफ़स
ज़िन्दगी के लिए लाज़िमी है ग़ज़ल

लफ़्ज़ मेरे हैं पर आपकी है ग़ज़ल
सच कहूँ आपकी आप सी है ग़ज़ल

मेरे मन में हज़ारों में थी चाहतें
सब को कर बेदख़ल आ बसी है ग़ज़ल

एक ख़ुशबू है जो साँसों में घुली जाती है
ये ना कह देना मयकशी है ग़ज़ल

तू अगर भक्त है तो है देवी ग़ज़ल
ग़र तू प्रेमी है तो प्रेयसी है ग़ज़ल

नफ़स = साँस

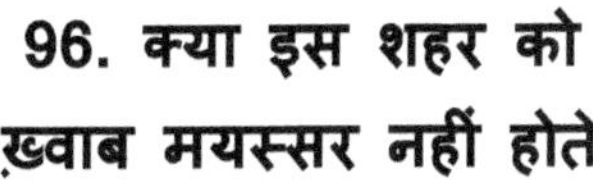

96. क्या इस शहर को
ख़्वाब मयस्सर नहीं होते

क्या इस शहर को ख़्वाब मयस्सर नहीं होते
इसमें कहीं भी रेत पर क्यों घर नहीं होते

कहती हैं तमन्नाएँ हमें कर दो फ़ना तुम
हम से मगर यूँ ख़ुद से तो जौहर नहीं होते

सागर विनम्र हो गया, कतरे से कह गया
जो तुम नहीं होते तो हम सागर नहीं होते

सूने महल में फिर कोई उम्मीद जगी है
वरना लटकते छत से नए झूमर नहीं होते

पत्थर मेरी गली के हैं ईमान के सच्चे
उनपे कभी भी मोम के पैकर नहीं होते

छीने बड़े शहर ने हमारे भी आसमान
छत इक खुली, ज़मीन पे बिस्तर नहीं होते

हारे हैं वक़्त से अख़ीर में सब सिकंदर
वरना दफ़न ज़मीन के अंदर नहीं होते

घोंपे जो मेरी पीठ में ख़ंजर नहीं होते
क़ाबिज फिर आज आप तख़्त पर नहीं होते

97. अपनी मज़ार खुद ही बनाकर चले गए

उतरे हुए थे हम तो फलक से ज़मीन पर
वापस क़ज़ा के संग वहाँ पर चले गए

बर्बाद हो रहा था यहाँ तेल मुसलसल
हम खुद ही अपनी लौ को बुझा कर चल गए

भेजा गया था कह कि दुनिया है खियाबाँ
पौधे लगाए, उनको बड़ा कर चले गए

ओहदा दिया खुदा ने एक फ़क़ीर का हमें
अपनी मज़ार खुद ही बनाकर चले गए

एक कोह-ए-आतिश रहा सीने में हमारे
शैताँ की सल्तनत को धुआँ कर चले गए

दिल में जो मेरे, दर्द का मंदिर दिखा उन्हें
वो आए, अपने अश्क़ चढ़ा कर चले गए

उसने तो ख़त्म कर दी मेरी लम्बी असीरी
कातिल के लिए हम तो दुआ कर चले गए

ज़ख्मों की नुमाइश के मजे लूट गई भीड़
एक आध थे जो मरहम लगा कर चले गए

कोह-ए-आतिश = आग का पहाड़

98. फ़ाख़्ता आए खिड़कियाँ लेकर

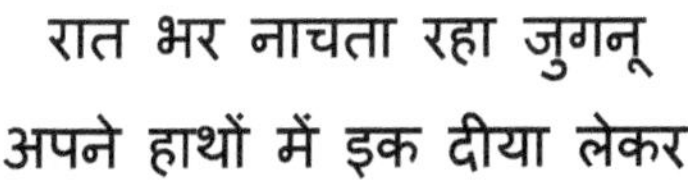

रात भर नाचता रहा जुगनू
अपने हाथों में इक दीया लेकर

चूमनी है मुझे वो पहली किरन
आई जो शब का फ़ातिहा लेकर

बोला कश्ती ने समुन्दर को बहर
आ गई मौज क़ाफ़िया लेकर

रूबरू मिल के भी करने इज़हार
आए हैं चिट्ठियाँ, पिया लेकर

जब तलक पहुँचा जबीं तक तारा
आ गया बिंदी माहिया लेकर

चाँद मायूस ताकता ही रहा
अंजुली में टूटा जिया लेकर

ख़्वाब आए थे ताज सर पे धरे
गए माथे पे पट्टियाँ लेकर

बंद दीवार की गुज़ारिश पर
फ़ाख़्ता आए खिड़कियाँ लेकर

जबीं = माथा

99. बुलबुल के इन कदमों पे महावर बनाइए

जाइए आप महल बराबर बनाइए
पर ना किसी गरीब को बेघर बनाइए

हम ला रहे हैं उन के लिए नए आसमान
पंछी को उड़ाँ के लिए तत्पर बनाइए

उतरेंगे ना तालाब में हम जैसे शनावर
खुद को जनाब आप समुन्दर बनाइए

सरहद में मेरी सिर्फ़ बादलों की जगह है
गोले धुएँ के आप सब बाहर बनाइए

हो गईं हों गुल ख़त्म जो तेरी आज़माइशें
कहती है फ़ज़ा, भँवरे को शौहर बनाइए

खुद को तो बना बैठे हो तुम इक महासागर
मेरे कुम्हार मुझको इक गागर बनाइए

सय्याद छोड़ दे तू सलाख़ों को यूँ रंगना
बुलबुल के इन कदमों पे महावर बनाइए

शनावर = तैराक
इजलास = अदालत

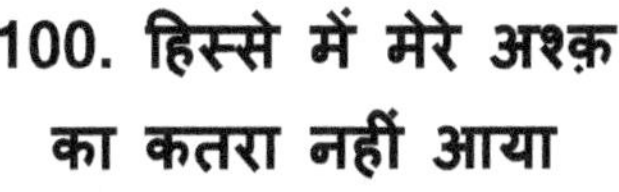

100. हिस्से में मेरे अश्क़
का कतरा नहीं आया

पढ़ना तेरे को यार का चेहरा नहीं आया
फ़ाज़िल तुझे इश्क़ का ककहरा नहीं आया

तू चाँद, आसमाँ में फिरे बेहिजाब है
मुखड़े पे तेरे लाज का पहरा नहीं आया

तुम रोए तो इतने मुरीद हो गए इकट्ठा
हिस्से में मेरे अश्क़ का कतरा नहीं आया

आबाद रास्तों पे तो लुटता रहा हूँ मैं
वीरान राह पे कभी ख़तरा नहीं आया

काँसे में सवाबों को रहा करता जमा वो
कोई फ़क़ीर लौट के कँगला नहीं आया

बैसाखियाँ हुक्काम ने किस किस को बाँट दीं
अब तक तो नज़र में कोई लंगड़ा नहीं आया

लम्हों को कहीं बख़्श दी सदियों की ख़ुशी पर
सदियों की मुश्त में कहीं लम्हा नहीं आया

आए हैं इक कफ़न में संग मक़तूल और इंसाफ़
मुर्दा जिस्म क़ब्र में ये तनहा नहीं आया

ककहरा = वर्णमाला

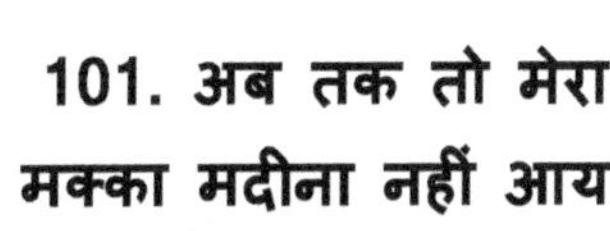

101. अब तक तो मेरा मक्का मदीना नहीं आया

शायर को कभी ठीक से जीना नहीं आया
ग़ज़लों सा, ज़िन्दगी में, करीना नहीं आया

जब बोझ उठाने की मुझे हो गयी आदत
माथे पे मेरे फिर ये पसीना नहीं आया

हम ज़ख़्म थे तभी था बनाया तुम्हें मरहम
तुमको पर कभी ज़ख़्म को सीना नहीं आया

तय वक़्त पे मिलते हैं हमें जेठ के मौसम
लेकिन कभी सावन का महीना नहीं आया

सागर किनारे रेत बटोरी है उम्र भर
मुट्ठी में मेरे कोई नगीना नहीं आया

तेरे हैं समुन्दर कई वीरान किनारे
जिन पर अभी तक कोई सफ़ीना नहीं आया

मैंने बनाया सफ़र-ए-ज़िन्दगी को ज़ियारत

अब तक तो मेरा मक्का मदीना नहीं आया

ज़ियारत = तीर्थयात्रा

102. सोने को परखना
तो बस एक बार परखना

कोई जंग कभी वक़्त की लगती नहीं इस पर
सोने को परखना तो बस एक बार परखना

फिर भी करे हैरान तुम्हें शक ओ शुबहा तो
एक बार सही, अपना तुम मे'यार परखना

भँवरे से बेपनाह मोहब्बत है कली को
पर बागबाँ कहता है कि घर बार परखना

सोज़िश है हिज्र की या वस्ल की है लालिमा
मुझको है अभी सुर्ख़ी-ए-गुलनार परखना

तदबीर परख ली है मैंने कई दफ़ा अपनी
तक़दीर अब है तेरा चमत्कार परखना

हर बार परखवाया है संसार से मुझको
इस बार ख़ुदा, है तेरा संसार परखना

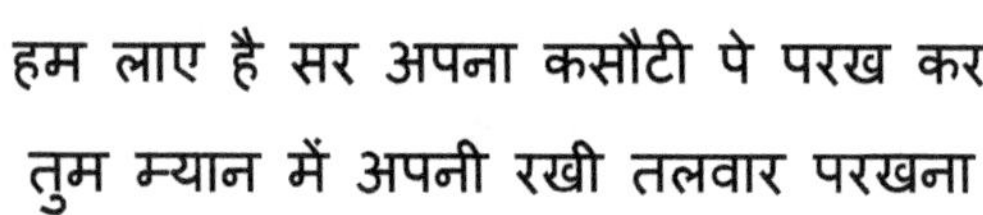

हम लाए है सर अपना कसौटी पे परख कर
तुम म्यान में अपनी रखी तलवार परखना

मे'यार = कसौटी
सोज़िश = सूजन

103. कश्ती के लिए कोई किनारा नहीं टूटा

टूटी जो नींद, ख़्वाब हमारा नहीं टूटा
इस कहकशाँ से कोई सितारा नहीं टूटा

कश्ती के संग संग भरम उसके डूब गए
कश्ती के लिए कोई किनारा नहीं टूटा

उस को भी सिफ़त आपने पत्थर समान दी
शीशा-ए-दिल जो गिर के तुम्हारा नहीं टूटा

हमको भी दिल के टूटने का दर्द जब मिला
फिर हमसे कोई दिल दोबारा नहीं टूटा

पल पल में शिकस्ता हुए दिल इन से सबक़ लें
कांधा मेरा कोई बोझ का मारा नहीं टूटा

माहौल ख़ुदकुशी का कई बार बना पर

बीते हुए जन्मों का कफ़्फ़ारा नहीं टूटा

सिफ़त = गुण
कफ़्फ़ारा = पाप का प्रायश्चित
कहकशाँ = आकाशगंगा

104. हिज़्र ने तो ग़ज़ल का शजर लिख दिया

लोग ज़्यादा थे जिनमें, दीवारें थीं कम
उन मकानों पे खड़िया से घर लिख दिया

करते करते उम्र भर गुणा भाग हम
थक गए इतना, 'हासिल' सिफ़र लिख दिया

हम पहर देख कर जग सके ना कभी
जब जगे उस को पहला पहर लिख दिया

वस्ल से तो सिर्फ़ बीज बोए गए
हिज़्र ने तो ग़ज़ल का शजर लिख दिया

चाँदनी ने उठाली कलम और फिर
संगमरमर पे रश्क-ए-कमर लिख दिया

बोला कश्ती से सागर कि कुछ माँग ले
उसने काग़ज़ पे 'तूफ़ाँ का सर' लिख दिया

शम्स बोला सहर पे भी तो कुछ लिखो
जो लिखा चाँद पर, रात पर लिख दिया

नाम कातिल का, मकतूल के जिस्म पर,
हमने, ज़ख़्मों की पहचान कर लिख दिया

रश्क-ए-कमर = जिससे चाँद ईर्ष्या करता हो
शम्स = सूरज

105. चप्पू पर जो श्रीराम लिखा, हम आर पार हो जाते हैं

शब्दों की मिट्टी को ग़ज़लों में
गढ़, कुम्हार हो जाते हैं

किरदार निभाने आए थे
और ग़ज़लकार हो जाते हैं

ठुकरा दी कश्ती साहिल ने
मझधारे गले लगाते हैं

तूफ़ाँ को हरा दिया तो साहिल
ख़रीदार हो जाते हैं

हालात तपाते हैं हमको
हम तार तार हो जाते हैं

जब सोना बन के निखरे तो
सब जन मे'यार हो जाते हैं

हर गली मोहल्ले में उनके
मंदिर तैयार हो जाते हैं

जब तख़्तनशीं ये शहंशाह
परवरदिगार हो जाते हैं

अतराफ समुन्दर है मेरे
मिलता कोई मल्लाह नहीं

चप्पू पर जो श्रीराम लिखा
हम आर पार हो जाते हैं

सर पे ताजों को इस बात का इल्म हो
उनकी बुनियाद पाँवों के छालों में हैं

हिंद को सिर्फ़ नक़्शों में ना देखिए
वो शहीदों की अनगिन मिसालों में है

106. कैसे फ़ौलाद होकर लचीला है दिल

सूखी यादों पे पानी छिड़कता है रोज़
इसलिए इस कदर मेरा गीला है दिल

अपने नश्तर पे ज़ालिम गुमाँ यूँ ना कर
कोई पत्थर नहीं, तूने छीला है दिल

जिस्म सझधज के मुर्दा शहर हो गए
पर ये ज़िंदा है क्योंकि क़बीला है दिल

दरमियाँ गर सफ़र के मिलें खाईयाँ
पार करने का उनको वसीला है दिल

सर पटकते रहेंगे ये साइंस-दाँ
कैसे फ़ौलाद होकर लचीला है दिल

तेरी वाहिद छुअन से बहल जाएगा
बेहिसी अब ना कर, लाल पीला है दिल

सबके भीतर छुपा नाद अनहद सा है
गीत है खल्क का, राग धड़कन सा है

हर बशर में ख़ुदा का ठिकाना है दिल
उसकी कुदरत की स्वरबद्ध लीला है दिल

वसीला = साधन
खल्क = कुदरत

107. दिल में उतरे जो हम, आप हल हो गए

लफ़्ज़ गुल्लक में करता रहा मैं जमा
जब निकाले तो जुड़ के ग़ज़ल हो गए

साल लेकर गए 'कल' के जोड़े हुए
उनसे महँगे 'अभी' के ये पल हो गए

डाल कब हमसे कोना करा ले ख़ाली
अब तो हम भी पके एक फल हो गए

सर्दियाँ थीं भ्रमर की निगाहों में जो
गुल की पलकों के शीशों पे जल हो गए

शक्ल पे आप मुश्किल पहेली से थे
दिल में उतरे जो हम, आप हल हो गए

पनघट, पानी को आंसू बनाने लगे
कहते हैं गाँव में अब तो नल हो गए

दिल को चेहरा बना के जो देखा गया
बहुत से अजनबी हमशकल हो गए

कीच गारों से घिन करके भागे थे तुम
लौट आओ, हम खिल के कमल हो गए

पेट में आग है, चूल्हा जला नहीं मिलता
आग का आग से ही राब्ता नहीं मिलता

है मेरे गाँव में बीमारी मुफ़लिसी की बड़ी
पर मेरे गाँव में दिल कँगला नहीं मिलता

इश्क़ देखे हैं जंगलों में भी हमने हर सूँ
लेकिन जंगल में कोई दिलजला नहीं मिलता

चाँदनी में तू हरेक रोज़ नहाता है मगर
चाँद तेरा कोई धब्बा धुला नहीं मिलता

रोज़ ले जाते हो तुम चाबियाँ चुरा के मगर
दिल का ताला मेरा कभी खुला नहीं मिलता

तूने कातिल की सफ़ाई को दिए सौ पन्ने
मेरे सबूत को तो एक सफ़ा नहीं मिलता

सुई मिल जाती है जंगल में मेरे मुंसिफ़ को
पर मेरे जिस्म पे जो ज़ख़्म था, नहीं मिलता

साजनी मेघ अगर नेह की बारिश कर दें
कोई चेहरा फिर कभी कुम्हला नहीं मिलता

जिए पल भर भी नहीं साल निकल जाते हैं
बंद कमरों से मेरे, काल निकल जाते हैं

हो गई है जो इमारत किसी खंडहर की तरह
उससे नज़रें बचा, भूचाल निकल जाते हैं

घोंसला छोड़, पहली बार उड़ा है पंछी
उसके अतराफ कई जाल निकल जाते हैं

न्याय, तेरे तले रौंदे गए हैं कई विक्रम
तेरे काँधे पे चढ़ बेताल निकल जाते हैं

जब सफ़ाई किसी तालाब की कर के देखा
उसमें अक्सर कई घड़ियाल निकल जाते हैं

शम्स उमरावों की महफ़िल में नूर भरते मिले
हम चिरागों की ले मशाल निकल जाते हैं

110. मेरे घर को बगीचा बना दीजिए

दिल में जज़्बातों को तो पनाह दीजिए
पर ना पत्थर को शीशा बना दीजिए

कदमबोसी करो बादशाहों की पर
ना अपने सर को ग़लीचा बना दीजिए

आईएगा गुलाबों की ख़ुशबू सा हो
मेरे घर को बगीचा बना दीजिए

लफ़्ज़ दीवार पे सर पटकते से हैं
खोलिए लब, दरीचा बना दीजिए

आपके साये में ही है जीना हमें
जो भी चाहो तरीक़ा बना दीजिए

हमको देती हैं नज़रें, हरारत, तेरी
कोई इनका भी टीका बना दीजिए

बेचनी है जिनावर की सीरत अगर
चेहरा एक आदमी का बना दीजिए

आसमानों ने हमको पराया रखा
हमको फिर से जमीं का बना दीजिए

नाम पर ज़िन्दगी के, उमर बेच दी
एक दिन ज़िन्दगी का बना दीजिए

तल्ख़ी = कड़वाहट
दरीचा = खिड़की

111. मेरे अतराफ दूर दूर तक जबाँ ही नहीं

गूँगी बस्ती में कोई बोलता दिखा ही नहीं
मेरे अतराफ दूर दूर तक जबाँ ही नहीं

उन वज़ीरों से हम इमदाद माँगने पहुँचे
जिन पे कुर्सी तो है पर कोई महकमा ही नहीं

सब मुसाफ़िर तुम्हें राह-ए-वीरान समझेंगे
गर कहोगे कि कोई क़ाफ़िला लुटा ही नहीं

किस जबाँ में ये लिख गए हो इबारत दिल पे
आज तक हमसे हो सका है तर्जुमा ही नहीं

ये तबस्सुम भी क्या चिमनी सा काम करती है
बज़्म में दिलजले बहुत हैं पर धुआँ ही नहीं

मैं वो मीनार हूँ मरते हैं ज़लज़ले जिस पर
जिसने चूमा है मुझे, वो कभी थमा ही नहीं

ग़र ना आवारा हो तो और क्या हो वो पंछी
जब ठहरने के लिए कोई आशियाँ ही नहीं

ख़ुदकुशी करके ख़ुदा तेरे पते पर पहुँचे
तो वहाँ कोई तेरे नाम का मिला ही नहीं

तर्जुमा = अनुवाद

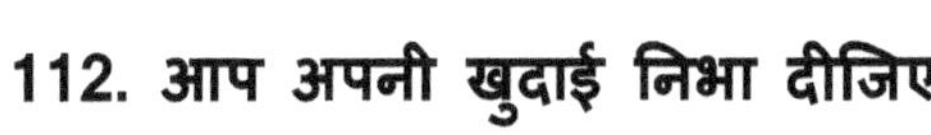

112. आप अपनी खुदाई निभा दीजिए

ना कहेंगे कि मुर्दे ज़िला दीजिए
आप बस क़ातिलों को सज़ा दीजिए

पुरजुनूँ बन्दगी है निभाई मैंने
आप अपनी खुदाई निभा दीजिए

रूह लौटी है धरती से होकर फिगार
उसके ज़ख्मों पे मरहम लगा दीजिए

चल रहे हैं जो खुद ओढ़ कर एक नक़ाब
उनको फिर किसलिए आईना दीजिए

हमको प्यासा रखा है अगर ज्यास्ती
फिर तो बादल भी हमको घना दीजिए

आँधियों को नया एक मुक़ाँ दीजिए
उनसे कहिए कि पर्वत हिला दीजिए

कौन पिएगा कड़वी दवा बारहा

कुछ तो इंसानियत को नशा दीजिए

फिगार = घायल

113. बादल ज़मीं से नैन चुरा कर चला गया

बरसा नहीं कुछ भी यूँ ही छा कर चला गया
बादल ज़मीं से नैन चुरा कर चला गया

पूरी किताब खोल के पढ़ने की चाह थी
आईना सर-ए-वरक़ दिखा कर चला गया

दीदार-ए-कामिल हमें अपना ना हो सका
मेरा अशीर रूबरू आकर चला गया

आया तो था अपने लिए मन्नत इक माँगने
ग़ैरों के लिए भी मैं दुआ कर चला गया

हम को ग़रूर था कि हैं पर्वत सरीखे हम
एक अश्क़ तेरा हम को बहा कर चला गया

माहौल-ए-जश्न मौत में भी देखे ज़माना
आया हुजूम, दावतें खाकर चला गया

मुंसिफ़ के फ़ैसलों को जब आमिल नहीं मिले
इंसाफ़ किताबों में सजा कर चला गया

सोज़िश को वो रुख़्सार की सुख़ियाँ बताकर
गुल अपने भ्रमर से ही दगा कर चला गया

सर-ए-वरक़ = मुखपृष्ठ
अशीर = दसवाँ भाग
दीदार-ए-कामिल = पूरा दीदार

114. मुझको लगता है अब तू ख़ुदा अजनबी

आईना रोज़ हमको दिखाता रहा
मेरे चेहरे सा कोई नया अजनबी

दर्द दे कर गए थे हमें हमनशीं
दूर करके गई एक दुआ अजनबी

साकिया छोड़ कर जब से उसको गया
मुझको लगता है ये मैकदा अजनबी

अपनी तनहाइयों से जो आबाद है
उसको लगता है हर क़ाफ़िला अजनबी

तूने कातिल को कैसे सुना दी सजा
मुंसिफ़, है आपका फ़ैसला अजनबी

दर-ए-महफ़िल से हमने मुनादी करी
एक और आ गया है यहाँ अजनबी

आज मैयत पे अपना सा दिखता है वो
उम्र भर मुझको जो था लगा अजनबी

इस मोहब्बत से जीना हमें चाहिए
शिकवे बैरी सभी, हर गिला अजनबी

रूह जिस्मों से छूटे तो कहने लगे
मुझको लगता है अब तू ख़ुदा अजनबी

115. रूह बदलेगी कितने बदन पैरहन

पंछी पिंजरे में बुनते रहे आसमाँ
जब निकाले गए, थे कफ़न पैरहन

रूह किस सल्तनत की है तू मल्लिका
आख़िर बदलेगी कितने बदन पैरहन

अपनी प्यासी जर्मीं से वस्ल के लिए
अब्र गए भूरे रंग के पहन पैरहन

मन फटेहाल हैं, दिखते पैबन्द हैं
सोने चाँदी के डाले हैं तन पैरहन

मन को भाती नहीं कोई पोशाक अब
उस को बस चाहिए एक सजन पैरहन

पैरहन = पोशाक
अब्र = बादल

116. दाम 'लम्हों' के बरसों से बढ़कर मिले

ज़िन्दगी के बाज़ारों में हमको सदा
दाम 'लम्हों' के बरसों से बढ़कर मिले

सोने चाँदी के 'पल', बचपने में हमें
बाप दादों की उँगली पकड़कर मिले

अपनी मुमताजों से बहुत से शाहजहाँ
ज़िंदा रहते नहीं लेकिन मरकर मिले

अपनी नज़रों में बसते हुए सब फलक
हमको अपनी जड़ों से उखड़कर मिले

महफ़िलों में गए तो उदासी के पल
सोलह श्रिंगार में सज संवरकर मिले

मेरा चेहरा मुझे आईने में दिखा
जब इश्क़ में भी वो हमको डर कर मिले

एक किनारे से हम तो हुए थे रवाँ
और किनारे समुन्दर में तरकर मिले

क़द हैं बौने, मीनारों से ऊँचे अहम
उन से हम कई जीनों पे चढ़कर मिले

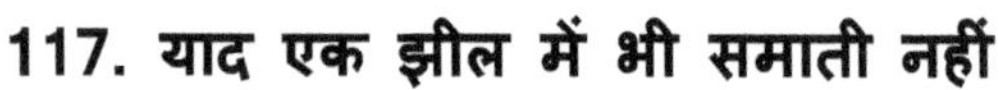

117. याद एक झील में भी समाती नहीं

साथ तेरे जिए बस सुराही भर हम
याद एक झील में भी समाती नहीं

अक्स मेरा कुछ कहने की कोशिश में है
पर सदा, आईना भेद, आती नहीं

माँगे दो पर खिलौना एक लाकर दिया
हमको मेले में झूला झुलाती नहीं

ज़िन्दगी, खोल कर तू किसी को यहाँ
पूरा बटुआ कभी भी दिखाती नहीं

सारे साथी कभी भी सजन ना हुए
और सजन सारे बनते हैं साथी नहीं

मेरी धरती का दिल तो है इतना बड़ा
आसमाँ उतनी तो तेरी छाती नहीं

चीखती हैं अंधेरों में गूँगी जबाँ
बहरे कानों में आवाज़ जाती नहीं

पंछियों के नशेमन जो लुटते नहीं
याद पिंजरे की उनको सताती नहीं

सदा = आवाज़

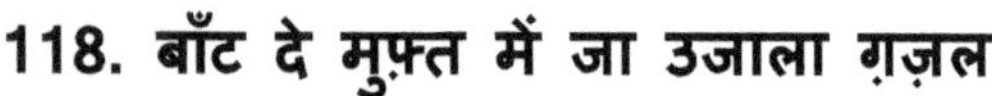

118. बाँट दे मुफ़्त में जा उजाला ग़ज़ल

शे'र हैं सब दीये, दीपमाला ग़ज़ल
बाँट दे मुफ़्त में जा उजाला ग़ज़ल

महफ़िलों में समाँ बांधना छोड़ कर
जाके सोते हुओं को जगा ला ग़ज़ल

दिल के टुकड़े फ़र्श पे हैं बिखरे हुए
जा उन्हें अंजुली में उठा ला ग़ज़ल

दिन-ब-दिन मर रही है जो इंसानियत
उसको दे ज़िन्दगी का निवाला ग़ज़ल

तोड़ दे बंद दरवाज़े दिल के सभी
ग़र जो खुलता ना हो तुझसे ताला ग़ज़ल

इश्क़ पर तो कभी लिख ना पाए थे हम
पर बग़ावत पर दिख दी है आला ग़ज़ल

तुझ में कूवत, बनाने की हमको दिखी
चंद मिसरों को एक पाठशाला ग़ज़ल

पंख शब्दों के तुझ को मिले हैं तो फिर
रूठी मैना को जा के मना ला ग़ज़ल

कूवत = शक्ति

119. तुम को काँटों को कहना पड़ा गुलबदन

महफ़िलों में भी शिरकत करी आपने
पहन कर तनहाइयों के पैरहन

इस कदर हैं सियासत की मजबूरियाँ
तुम को काँटों को कहना पड़ा गुलबदन

नूर इतना भी मत भर चिराग़ों में तू
चाँद तारों को होने लगी है जलन

या तुझे इश्क़ है या मुझे इश्क़ है
तेरे नश्तर में लगती नहीं है चुभन

कातिल कहते हैं, कोई नहीं दुश्मनी
पर उन्हें बेचने तो पड़ेंगे कफ़न

आज हसरत को मेरी ना ज़िन्दा जला
कल को तेरी तमन्ना बनेगी दुल्हन

120. अब बुराई का पढ़ फ़ातिहा शायरी

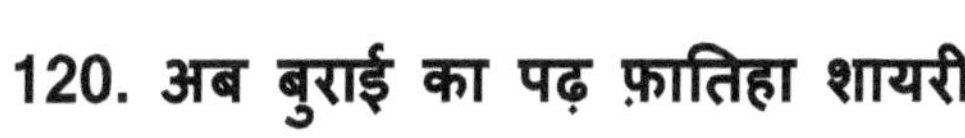

कश हैं तनहाइयों के, नशा शायरी
खोल बैठी हो तुम मैकदा शायरी

सच को सच कहने का है गुनाह शायरी
सौ सवाबों का इकला सिला शायरी

तू अज़ीम है मेरी, मैं तिफ़्ल हूँ तेरा
मुझको तू चाँद तारे दिला शायरी

जिसमें सच्चाई का एक कतरा ना हो
उस तमाशे पे पर्दा गिरा शायरी

बादशाहों से ख़ैरात में कुछ ना ले
तुझको देंगे ख़ुदा से मिला शायरी

मौजें दरिया की नाज़ुक, नरम हैं बड़ी
आज तो कोई पर्वत हिला शायरी

काम तुझको दिया है क़त्ल-ए-गुनाह
तुझको देंगे बना कातिला, शायरी

हमको टीके ज़हर के लगाती तू रह
हम को प्याले गरल के पिला शायरी

तूने अच्छाईयों का क़सीदा कहा
अब बुराई का पढ़ फ़ातिहा शायरी

ज़र्द चेहरों पे सुर्ख़ी बिछाते चलें
हम लबों पे तबस्सुम सजाते चलें

एक सफ़र इस मुसाफ़िर का ऐसा भी हो
संग, सय्याद पंछी उड़ाते चलें

121. मेरी बस्ती का पत्थर भी बेदिल नहीं

आपसे बिन लड़े हार जाता हूँ मैं
खुद को खोता हूँ तब तुमको पाता हूँ मैं

जिन सरायों में कोई ठहरता नहीं
उन सरायों की बोहनी कराता हूँ मैं

लोग मे'यार अपने बदल लेते हैं
वो परखते हैं तो ताड़ जाता हूँ मैं

मेरे अफकार ये कह बयाँ होते हैं
भूख लगती नहीं, खुद को खाता हूँ मैं

तेरी बस्ती में दिखता कहीं दिल नहीं
मेरी बस्ती का पत्थर भी बेदिल नहीं

तूने गर एक चींटी भी कुचली ना हो
तब ही ये बोलना कि तू कातिल नहीं

जिन अभागों को हासिल बसारत नहीं
रोशनी बन के रास्ता दिखाता हूँ मैं

दूरियों को समझ लेना फुरकत नहीं
ग़मख्वारी से मुझको है फुरसत नहीं

लफ़्ज़ होंठों पे आकर हुए लापता
ना समझ मेरे दिल में मोहब्बत नहीं

आसमाँ में परिंदे भटकते हैं जो
उनको वापस नशेमन पे लाता हूँ मैं

मैं बड़ा काम करता नहीं कोई भी
फ़र्ज़ छोटे से छोटे निभाता हूँ मैं

बसारत = दृष्टि
में'यार = कसौटी
अफकार = चिंताएँ
फुरकत = वियोग

122. नींद में तुम हमें बड़बड़ाते रहे

एक ख़ता बारहा दोहराते रहे
दुश्मनों को गले से लगाते रहे

वो पिला के ज़हर, हमसे कह भी गए
आप पीते रहे, हम पिलाते रहे

चीख गूंजीं मगर डंक ख़ामोश थे
सांप बेख़ौफ़ फ़न को उठाते रहे

दर्द ख़ातून, शरिया से बंध कर रहे
काफिर मुस्कान को हम दिखाते रहे

लफ़्ज पंछी थे घायल, फ़ना हो गए
पंख अधरों के बस फड़फड़ाते रहे

अपनी बेदारी में हमसे रुसवा रहे
नींद में तुम हमें बड़बड़ाते रहे

बेदार = जगा हुआ

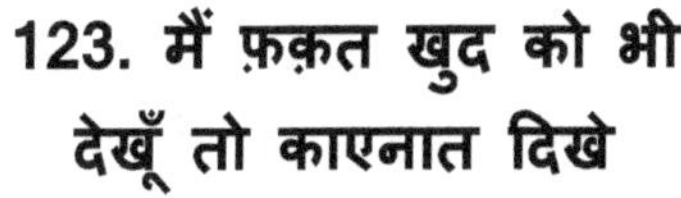

123. मैं फ़क़त खुद को भी देखूँ तो काएनात दिखे

आईने में मुझे ख़ुदा की करामात दिखे
मैं फ़क़त खुद को भी देखूँ तो काएनात दिखे

आज की रात मुझे चाँद सितारे ना दिखा
खड़ी गरीब के दर पे मुझे बारात दिखे

कभी बादल भी एहतिज़ाज का ऐलान करें
और होती हुई सहराओं में बरसात दिखे

अरनिमा जब मुझे सहर में चूमने आए
मुझे जीने की नई उसमें वजूहात दिखे

हम मिलें तो वजूद जाती खतम हो जाएँ
हमको संगम में अपनी नई शुरुआत दिखे

ऐहतिज़ाज = विरोध प्रदर्शन
अरनिमा = सूर्य की प्रथम किरण
जाती = व्यक्तिगत

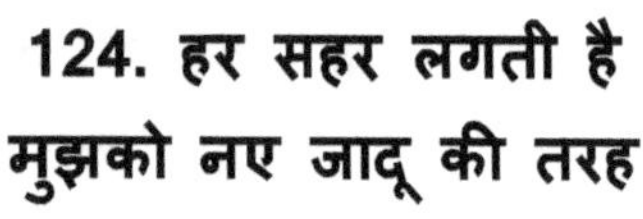

124. हर सहर लगती है
मुझको नए जादू की तरह

प्रेम पत्थर को भी एक फूल बना देता है
टूट कर भी मेरा दिल बिखरा है ख़ुशबू की तरह

नींद से मुझको जगाता है कोई जादूगर
हर सहर लगती है मुझको नए जादू की तरह

मयकदे में और मेरी आँखों में है बस फ़र्क़ यही
हमने रखा है शराबों को इक आँसू की तरह

तुम बस तहरीर की सुर्ख़ी पे चले जाते हो
कभी पढ़ के मुझे देखो किसी मजमू की तरह

तीरगी कहती है उस इश्क़ की ख़्वाहिश ही नहीं
जिसमें माशूक़ उजाला मिले जुगनू की तरह

सिर्फ़ मिलते हैं हवाओं से भरे गुब्बारे
क्या करेंगे यहाँ बन के हम तराज़ू की तरह

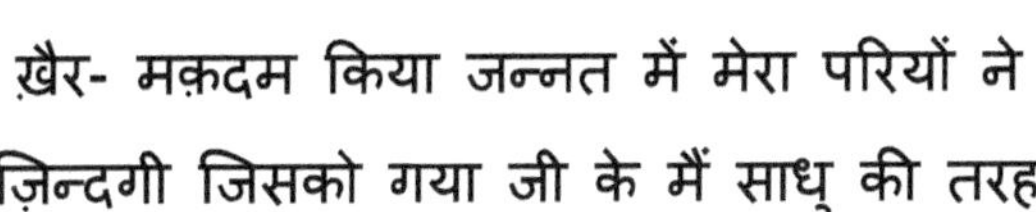

तीरगी = अंधेरा
ख़ैर-मक़दम = स्वागत

125. मेरे हबीब पाँव के छाले में मिल गए

वो ही रात वो ही दिन के उजाले में मिल गए
मस्जिद में मिले, वो ही शिवाले में मिल गए

मैं ढूँढता रहा जिन्हें मस्तक पे ताज में
मेरे हबीब पाँव के छाले में मिल गए

जब हिज्र था तो बीज मोहब्बत के बोए थे
वो बीज शजर बन के विसाले में मिल गए

दिल की दीवार ओ छत की सफ़ाई जो की मैंने
अहसास पुराने मुझे जाले में मिल गए

क़ानूनी क़वायद नहीं जब तक शुरू हुई
तब तक तो आप मुझको हवाले में मिल गए

हिज़्र = वियोग
विसाला = मिलन

126. शिलाओं में भी स्वर हैं

साहिल-ए-तसव्वुर है, यहाँ रेत पे घर हैं
ग़र सामिईन बनो तो शिलाओं में भी स्वर हैं

नज़रों के पास भी तो इक आवाज़ है अपनी
क्या फ़िक्र ग़र साजन तेरे ख़ामोश अधर हैं

दोनों तरफ़ बहती है सदा प्रेम की धारा
भँवरें खिलाएँ फूल और फूलों से भ्रमर हैं

यूँ ही तो ये गुलाब लाल लाल नहीं हैं
दिल बाग बाग है तभी आरिज पे असर हैं

मंज़िल नहीं कोई, ना कोई मील के पत्थर
राहों पे इश्क़ की तो क़यामत के सफ़र हैं

आयत कुरान पाक की, गीता की बोलियाँ
ढाई हरफ़ में दोनों ही संदेश प्रखर हैं

तसव्वुर = कल्पना
सामिईन = श्रोता
आरिज = गाल
ढाई हरफ़ = 'प्यार'

परिचय

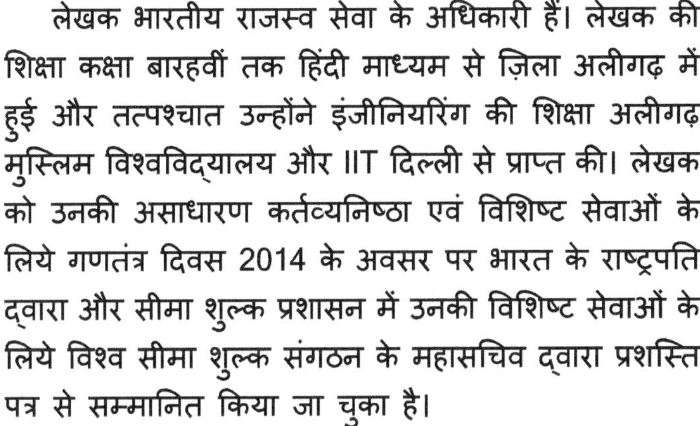

लेखक भारतीय राजस्व सेवा के अधिकारी हैं। लेखक की शिक्षा कक्षा बारहवीं तक हिंदी माध्यम से ज़िला अलीगढ़ में हुई और तत्पश्चात उन्होंने इंजीनियरिंग की शिक्षा अलीगढ़ मुस्लिम विश्वविद्यालय और IIT दिल्ली से प्राप्त की। लेखक को उनकी असाधारण कर्तव्यनिष्ठा एवं विशिष्ट सेवाओं के लिये गणतंत्र दिवस 2014 के अवसर पर भारत के राष्ट्रपति द्वारा और सीमा शुल्क प्रशासन में उनकी विशिष्ट सेवाओं के लिये विश्व सीमा शुल्क संगठन के महासचिव द्वारा प्रशस्ति पत्र से सम्मानित किया जा चुका है।

लेखक का यह नौवाँ कविता संग्रह है। इससे पहले उनके आठ संग्रह, ‘ओट से मन दिखता है’, ‘मटकिया भरी नहीं’, ‘मिसरा मिसरा ग़ज़ल आशिकाना हुई’, ‘संवाद राम और कान्हा से’, ‘एक इन्द्रधनुष शतरंगी’, ‘एक मंगलयान कविताओं का’, ‘बुलबुले तसव्वुर के’ तथा ‘सुराही में समुन्दर’ प्रकाशित हो चुके हैं।